ARIANE FORNIA

# DANS L'INTIMITÉ DES ALPES

*Découvrir les Alpes autrement*

SUZAC éditions

# POURQUOI LES ALPES ?

« Ce que je désirais de toute mon âme, c'était pénétrer dans le cœur de ces merveilleuses montagnes et en escalader les sommets. »

Lionel Terray, *Les conquérants de l'inutile*

Qui a vu la silhouette du Cervin ou du mont Blanc dans l'or du soir le sait : véritable chapelet de merveilles, les Alpes sont d'une beauté incomparable. Mais cette couronne de joyaux qui ceint l'Europe est aussi son cœur véritable, à la fois barrière et trait d'union. Les Alpes courent sur six pays, huit si vous comptez Monaco et le Liechtenstein : France, Suisse, Italie, Allemagne, Autriche, Slovénie. Parmi les sommets transfrontaliers, nombreux sont ceux qui dépassent les 4 000 m, comme le mont Blanc et les Grandes Jorasses, que se partagent France et Italie ; ou le mont Rose, le Castor et le Cervin, entre Suisse et Italie. D'autres frôlent les 3 000 m, comme la Zugspitze, dont le sommet est la ligne de partage entre l'Allemagne et l'Autriche.

Nombre de peuples d'Europe ont voulu utiliser ces géants minéraux pour ériger entre eux des murs qu'ils croyaient infranchissables. Le mot Alpes, déjà au féminin pluriel, apparaît dans la langue latine au Ier siècle avant Jésus-Christ, pour désigner cette muraille minérale qui sépare l'Italie du reste de l'Europe. Pour franchir les Alpes, il a fallu à Hannibal des éléphants, à César et Napoléon des armées, aux ingénieurs des routes et des tunnels modernes de la dynamite, de savants calculs et des décennies de travaux. Mais les arrêtes tranchantes rompent et emmêlent les frontières, les barrières culturelles se brouillent dans les blizzards des cimes. Au cœur des aiguilles effilées, quelle loi s'applique ? Quelle langue parle-t-on ? Quelle armée ira asseoir sa souveraineté à plus de 4 000 m d'altitude ? Et quelle frontière empêchera les troupeaux de traverser l'alpage ? La montagne est un monde à part, gouverné par ses lois propres et souverainement indifférente à celles des hommes des plaines.

Au cours de l'histoire, les régions alpines changent sans cesse de maître, sans que les ermites, les chamois et les edelweiss puissent en être informés. Une région passe sous le contrôle du pays voisin, mais les Alpes restent des enclaves où le temps s'écoule autrement. C'est pour cela que nombre de bizarreries linguistiques y persistent. Dans la Vallée d'Aoste, on est en Italie, mais on parle français ; dans le Tessin, on est en Suisse, mais on parle italien ; dans les Dolomites, on est en Italie, mais on parle allemand... L'histoire hoquète sur les cahots des routes alpines.

Les Alpes sont un monde qui se joue des frontières. Elles ont leur propre culture, leur propre langue de glace, de soleil et de bois nu. Dans tous les pays de l'arc alpin, on retrouve des traditions sœurs, les chants des bergers, les costumes des frimas, l'architecture des pentes raides et des hivers froids et les saints des sommets. C'est une petite Europe au sein de l'Europe, mue par l'étrange sororité des cimes.

Pourtant, chaque vallée cultive ses singularités, son identité au sein de la sororité. D'un côté à l'autre d'un col, on change de dialecte et d'assiette. À traverser les Alpes françaises du nord au sud, on voit se refléter dans la forme d'un toit, le clocher d'une église, le nom des choses, l'héritage des provinces et royaumes d'antan. Les pays du duché de Savoie ne ressemblent pas au Dauphiné, qui rassemblerait aujourd'hui Isère, Drôme et Hautes-Alpes, ni au royaume de Provence, qui lustre son antique couronne dans les Alpes-de-Haute-Provence.

Les Allemands ont un mot magnifique pour désigner l'ensemble des régions qu'embrasse l'arc alpin : *Alpenland*, le pays des Alpes. Comme souvent, la langue allemande a raison. Oui, les Alpes sont bien un pays à part entière, préservé par le relief et la solitude du cours ordinaire des choses. Un monde magique.

*Ariane Fornia*

# VUES *sur le mont Blanc*

Jusqu'où peut-on voir le mont Blanc ? Culminant à 4 810 m et très peu obstrué par d'autres sommets sur son flanc occidental, le roi des Alpes est visible sur une partie étonnamment importante du territoire français. Si on s'attend tout naturellement à le voir depuis les hauteurs des cités alpines, comme Grenoble et Albertville, on est plus surpris de le découvrir depuis Dijon, depuis Vittel en Lorraine (270 km) ou

◁ *Vue sur le massif du Mont-Blanc et la station des Saisies (Beaufortain).*

encore depuis les sommets du Hohwald en Alsace (291 km). Contrairement à la légende, il n'est jamais visible depuis Paris ou Marseille.

Un avis subjectif : les plus beaux balcons sur le mont Blanc sont situés sur la station des Saisies, dans le Beaufortain. La vue sur le géant depuis le Chard du Beurre, le mont Bisanne ou, mieux encore, la piste de ski Bellasta, est incomparable.

# REINE *des Alpes*

C'EST LE SURNOM du chardon bleu, *Eryngium alpinum*, fleur emblématique des prairies alpines, qui pousse entre 1 500 et 2 400 m et qui peut vivre près d'une centaine d'années, un véritable record pour une herbacée. C'est dans la réserve biologique de Deslioures, dans les Hautes-Alpes, qu'on peut admirer les plus belles prairies de chardons bleus. Celle du jardin alpin du Lautaret vaut aussi le détour…

# LA RIVIÈRE *prisonnière*

Un matin de 1442, les habitants de Luc-en-Diois furent réveillés par un fracas épouvantable. Le ciel leur était littéralement tombé sur la tête ! Une immense partie de la montagne surplombant le village, le pic de Luc, s'était arrachée et effondrée en un monstrueux éboulement. Six siècles plus tard, la cassure nette de la pierre tranchée comme un cake reste parfaitement visible, ainsi que l'immense chaos rocheux à son pied, appelé le Claps.

La catastrophe fit heureusement peu de victimes, mais causa un grave problème hydrologique : la rivière Drôme, qui prend sa source un peu plus haut dans le Diois, fut coupée par l'amas de pierres, créant une immense retenue et privant d'eau les vallées en contrebas. Le parlement du Dauphiné dépêcha émissaires et ouvriers, et d'importants travaux furent menés pour restaurer le cours de la Drôme. Les travaux ne s'achevèrent qu'en... 1804, avec la rupture du lac supérieur. Aujourd'hui, la Drôme cataracte joyeusement parmi le Claps, dans un grand escalier de cascades pittoresques qu'on nomme Saut de la Drôme.

# TOPONYMES *scabreux*

△ *Les aiguilles du Diable.*

La beauté des Alpes inspire aux poètes de nombreux toponymes grandioses. Mer de Glace, glacier suspendu, aiguilles du Diable, mont Brouillard, dent du Géant, mont Rose, lac des Sirènes, lac des Neuf couleurs, lac Miroir, lac Blanc : les massifs des Alpes rivalisent de lyrisme… ou pas. Une balade à la cascade de la Pisse, au mont Pourri, sur le sommet de Lancebranlette ou au lac de la Mouille, cela fait rêver, n'est-ce pas ? Si vous vous sentez d'humeur aventureuse, vous pourrez même randonner du Sex des Branlettes au Gros Sex, dans les Alpes bernoises, en Suisse. Mais n'en attendez pas trop tout de même : « sex » est un dérivé du latin *saxum*, qui signifie rocher. Quant à la « branlette », c'est tout simplement la ciboulette dans le dialecte local. Avouons que « rocher de la Ciboulette », c'est tout de suite moins émoustillant !

# L'alpiniste n'a pas de gloire à espérer

> Sauf exception assez rare, l'alpiniste n'a pas de gloire à espérer, pas même de spectateur pour l'encourager. Sans autre témoin que son compagnon de cordée, dans la solitude et le silence de la montagne, il se bat pour la seule joie de triompher de l'obstacle qu'il s'est imposé, pour le seul orgueil de se sentir fort et courageux. Aucun jeu n'est plus dépouillé des contingences humaines, aucune activité n'est plus pure, plus désintéressée que l'alpinisme dans sa forme primitive, et c'est précisément dans ce dépouillement, cette pureté, que résident sa grandeur et sa séduction.
>
> Lionel Terray
> *Les conquérants de l'inutile*

**« TOUT LE BONHEUR DES HOMMES EST DANS DE PETITES VALLÉES. »**

**JEAN GIONO**

# UNE LADY *intrépide*

Alors que de nombreuses cordées tentèrent d'entrer dans l'histoire en réussissant la première ascension hivernale du mont Blanc, c'est une aristocrate anglaise, lady Mary Isabella Straton, qui réussit cet exploit le 31 janvier 1876. Accompagnée de son guide Jean Charlet, elle avait déjà triomphé de nombreux sommets difficiles dans les massifs chamoniards, notamment l'aiguille du Midi. Parce qu'elle défiait avec la même aisance le vertige et les conventions de la société victorienne, cette lady fortunée au pedigree mondain fit scandale en épousant son guide, né simple berger de Tarentaise. Elle lui donna son nom et vécu heureuse à Argentière, avec Jean Charlet-Straton.

# POINTS *culminants*

FRANCE & ITALIE : mont Blanc, 4 810 m

SUISSE : pointe Dufour, 4 634 m

AUTRICHE : Großglockner, 3798m

ALLEMAGNE : Zugspitze, 2 963 m

SLOVÉNIE : mont Triglav, 2 864 m

LIECHTENSTEIN : Grauspitz, 2 599 m

# MOTS *doux*

LE MONCHU, c'est le touriste ridicule dont le savoyard aime se moquer : celui qui monte en station avec des pneus été et finit dans le décor au premier virage verglacé, celui qui roule avec ses chaînes dans le parking tout sec, celui qui lâche la perche au tire-fesses et qui veut faire le mont Blanc en baskets. Mais l'homme des plaines sait aussi se moquer du montagnard. Avez-vous déjà rencontré le *grelou* ? Grenoblois « relou », plus obsédé de dénivelé que des tendances printemps-été, il arbore sa doudoune en toutes circonstances, n'hésite pas à aller travailler en chaussures de randonnée, accroche des mousquetons d'escalade à son sac, a déjà failli mourir dans une avalanche en free-ride et vous bassine avec ses perf' en trail !

# PRENEZ & MANGEZ

## *ceci est mon fromage*

À Lanslevillard, en Haute-Maurienne, la chapelle Saint-Sébastien arbore des fresques uniques par leur qualité de conservation et leur style original. Intactes depuis leur création dans les années 1460, ces fresques peintes à même la pierre (d'où leur excellent état) sont de véritables bandes dessinées retraçant d'une part la vie du Christ, d'autre part celle de saint Sébastien, saint patron criblé de flèches des pestiférés et des mourants. Colorées, didactiques, vivantes, elles replacent les évangiles dans un cadre familier aux fidèles de l'époque : ici, Jésus est savoyard et évolue au milieu des Alpes. Sur la table de la Cène où il prend son dernier repas, il partage avec ses apôtres… fromage et charcuterie ! De quoi révolutionner l'ordinaire de la messe… Un petit Beaufort avec votre eucharistie ?

# RACLETTE
## *tradition oblige*

Contrairement à la tartiflette, la raclette est un héritage ancestral. Dans le Valais, où elle bénéficie d'une AOP, on vous expliquera que la vraie raclette valaisanne est un plat d'été, qui se dégustait sur les alpages en savourant un fromage frais et fleuri. Elle se cuit au feu de bois, avec un racleur professionnel qui approche les différentes meules de la flamme pour faire couler le fromage dans les assiettes et proposer une vraie dégustation de différentes saveurs (raclette d'alpage, raclette de laiterie, raclette de tel ou tel versant de la montagne, la diversité des goûts est étonnante).

Soyons honnêtes : après avoir dégusté une vraie raclette du Valais en cinq meules, il est très difficile de revenir à la machine qui chauffe, à la rallonge dans laquelle on se prend les pieds, aux poêlons en téflon impossibles à récupérer au lave-vaisselle et à la raclette de supermarché.

# GLANDER *dans la Drôme*

Glandage, quel nom merveilleux pour un hameau de montagne drômois ! À deux pas de Châtillon-en-Diois, Glandage doit son nom à la montagne iconique du Diois, le Glandasse, à l'extrême sud des hauts plateaux du Vercors. Monter sur le Glandasse n'est vraiment pas de la glandouille : 1 600 m de dénivelé positif depuis Châtillon, avec à la clé, une vue grandiose sur le cirque d'Archiane et les curiosités géologiques du sud du Vercors. Glander, ici, c'est un piège.

# CATHÉDRALE *présidentielle*

La plus grande cathédrale des Alpes est celle de Notre-Dame-du-Réal, à Embrun, nichée au-dessus du lac de Serre-Ponçon, dans les Hautes-Alpes. Embrun fut pendant des siècles la capitale spirituelle du Dauphiné, et la cité haut perchée cultivait un lien privilégié avec le roi de France, symboliquement consacré proto-chanoine, ou chanoine d'honneur, de la cathédrale. La tradition a été instaurée sous Louis XI et a survécu à la Révolution. Charles de Gaulle fut longtemps le dernier proto-chanoine d'Embrun, la pratique étant tombée en désuétude, jusqu'à l'intronisation d'Emmanuel Macron, qui l'a remise à l'ordre du jour.

La cathédrale officielle du chanoine président est un chef-d'œuvre du style lombard, ainsi nommé car rapporté du nord de l'Italie par les artisans itinérants qui trimballaient leurs outils de cathédrale en cathédrale. On le reconnaît à ses fines bandes verticales bicolores, appelées lésènes, où deux pierres de différente couleur sont alternées pour un effet marbré appétissant à croquer. Quant aux clochers lombards caractéristiques, ils sont pointus, légers et s'agrémentent de quatre petites tourelles d'angle, effilées comme pour embrocher un ange s'approchant trop près. Ou un président...

# TOIT
## *du monde*

C'est l'une des grandes stars des Alpes italiennes : le mont Viso, déjà salué au premier siècle par les auteurs latins comme *Vesulus pinifer*, sommet que l'on voit de partout (3 841 m, tout de même). Surnommé Re di Pietra (roi de pierre), source du Pô et du Guil (qui traverse le Queyras et se jette dans la Durance), il était considéré comme le toit du monde par les auteurs romains. Si la quasi-totalité du Viso est située en Italie, l'une de ses faces est française et matérialise la frontière. Monte Bianco, Monte Viso, nous avons le don de mettre entre nous et nos amis italiens des palissades conséquentes !

# SKIER
## *au sommet*

Les plus hautes remontées mécaniques des Alpes ? Le record est détenu par le domaine italo-suisse de Zermatt-Valtournenche-Breuil-Cervinia, qui permet aux skieurs d'évoluer entre Valais et Vallée d'Aoste, sous l'œil faramineux du Cervin trônant comme un hologramme géant au milieu des pistes. Si la « montagne Toblerone » fait partie des plus hauts sommets des Alpes, ses 4 478 m apparaissent presque accessibles aux skieurs qui se baladent à ses pieds : la plus haute remontée les porte à 3 899 m ! On peut presque se faire un 4 000 en combi...

En France, les deux plus hautes remontées n'amènent pas à un domaine skiable à proprement parler, mais à des itinéraires hors-pistes légendaires. L'aiguille du Midi (3 842 m) permet d'accéder à la Vallée blanche par une vertigineuse arête qui impressionne toujours la première fois. À La Grave, le téléski de la Girose (3 600 m) donne accès à un domaine atypique, véritable Mecque du hors-piste où rien n'est damé et tout est sauvage, au chevet de la Meije. Pour les domaines skiables classiques, ce sont Les Deux Alpes qui détiennent le record, avec une montée au glacier à 3 523 m. Elles sont suivies de près par Tignes/Val d'Isère et l'Alpe d'Huez.

À l'Alpe d'Huez, on notera la plus longue piste du monde, la Sarenne, officiellement notée comme piste noire, mais qui passe en vérité par les quatre couleurs de la descente. Elle commence noire et intense au sommet du glacier du pic Blanc, à 3 330 m, d'où on verrait un cinquième du territoire français (à condition de ne pas être giflé par le vent, trop occupé à remettre ses gants, et ne surtout pas regarder en bas sur la crête spectaculaire). Elle finit verte et plate dans les gorges de la Sarenne, après 16 km de piste et 2 000 m de dénivelé. Elle apparaît toute douce en comparaison avec sa voisine glaciaire, l'effroyable piste du Tunnel, où on emprunte littéralement un tunnel de béton creusé dans la roche. C'était une idée du champion Émile Allais, qui avait proposé de creuser un tunnel dans la montagne afin de relier le glacier de la Sarenne à celui des Grandes Rousses, permettant à l'Alpe d'Huez d'exploiter les pistes situées au-dessus de 3 000 m et de devenir l'un des plus vastes domaines des Alpes. Le tunnel vous recrache sur l'une des pires pistes noires au monde, un énorme champ de bosses à 35°. De nombreux skieurs ont rapporté un plâtre en souvenir de cette chouette infrastructure alpine.

En enchaînant les quatre noires qui descendent du glacier de l'Alpe d'Huez, on peut descendre l'équivalent d'un Everest à ski en une journée... en remplaçant l'oxygène par le gratin dauphinois !

PIC BLANC
3330m
2700m
2

# PENDAISON
## de crémaillère

Avec son rail central denté, le chemin de fer à crémaillère permet aux trains de s'élever sur des pentes extrêmement fortes, et de se retrouver pour ainsi dire suspendus au-dessus du vide. Les Alpes françaises comptent deux célèbres trains à crémaillère, respectivement inaugurés en 1906 et 1907, tous deux dans la région de Chamonix : le train du Montenvers, qui conduit à la mer de Glace, et le tramway du mont Blanc, à Saint-Gervais.

Avec plus de quarante trains utilisant ce système, la Suisse détient deux records en matière de crémaillère. Le plus haut train d'Europe est celui de la Jungfrau, dans les Alpes bernoises, avec une gare d'arrivée à 3 454 m d'altitude. Et le train le plus raide du monde mène depuis 1889 jusqu'au sommet du mont Pilatus, près de Lucerne, avec une pente allant jusqu'à 48 % ! Une déclivité qui casse la baraque.

◁ *Le train du mont Pilatus, en Suisse.* ▽ *Le train du Montenvers.*

# MARELLE
## *alpine*

Le lac des Vaches est sans doute le site le plus célèbre du parc national de la Vanoise, un grand lac glaciaire traversé en son centre par une rangée de lauzes énormes, qui permettent de franchir les eaux au sec. Des vaches, il n'y en a jamais eu là-haut : c'est un monde minéral, entre roches et glaciers, où un ruminant ne trouverait rien à se mettre sous la dent. La vache est en vérité un *vatz*, mot savoyard signifiant gué, passage. Pas de vaches donc, mais des mulets, qui ont pendant des siècles utilisé ce gué pour traverser le col et acheminer le précieux beaufort d'une vallée à l'autre. Historiquement, le chemin ne traversait pas le lac, mais longeait l'une de ses rives. Ce sont les chasseurs alpins qui ont aménagé, entre les deux guerres, la plus jolie marelle des Alpes.

# LE MULET
## *vaillant soldat alpin*

Avec ses immenses oreilles, sa grosse tête et ses proportions étranges, le mulet ne correspond pas à nos canons de la beauté. Mais sans lui, la plupart des routes anciennes des Alpes n'auraient jamais pu être construites. Si cet animal hybride, issu du croisement entre un âne et une jument, est stérile, sa force de travail et sa rusticité sont incroyables. À taille égale, le mulet porte et tire plus lourd qu'un cheval, résiste mieux au froid et mange un tiers moins ! Dans les Alpes françaises, le mulet a ainsi permis de franchir les cols, de construire les routes et de cultiver la terre : autant dire qu'il était infiniment précieux à tous ceux qui vivaient de la montagne. La ville de Seyne-les-Alpes, dans les Alpes-de-Haute-Provence, a d'ailleurs fait fortune avec l'élevage de mulets.

# ŒUFS

## *de monstre*

Énormes pierres rondes utilisées dans les moulins pour broyer les grains, les pierres de meule sont extraites telles quelles, naturellement rondes, dans les meulières. Le travail du carrier, muni de pics, de lances et de masses, consiste à arracher à la montagne cet œuf de monstre de taille gigantesque. Les ronds creusés dans la roche par le travail d'extraction donnent l'impression de pénétrer dans la ruche d'une espèce extraterrestre... Les carrières du mont Vouan, dans le massif des Brasses (photo ci-dessous), en Haute-Savoie, furent l'un des sites d'extraction les plus prolifiques et célèbres d'Europe.

# « J'APPRIS CE QUE JE N'AVAIS ENCORE JAMAIS CONNU : LA VÉRITABLE SIGNIFICATION DU MOT BEAUTÉ. »

**JOHN RUSKIN**

*Peintre et poète anglais, découvrant le mont Blanc et la vallée de Chamonix, 1846*

# TROIS SŒURS *ennemies*

Dauphiné, Provence, Savoie. Les trois provinces des Alpes françaises s'illustrent aujourd'hui principalement par leurs différents fromages, et on pourrait rejouer éternellement le match entre le bleu de Sassenage, le banon et le reblochon. Mais pendant des siècles, la lutte fut âpre et ne se joua pas au couteau à fromage.

Le Haut Dauphiné français se fortifia contre la Provence, alors royaume indépendant, durant la guerre de Cent Ans, tout comme la provençale Sisteron édifia sa citadelle en verrou contre l'ennemi dauphinois. Puis la Provence devint française en 1481, et Provence et Dauphiné eurent tous deux à lutter contre les incursions de la Savoie voisine. La guerre perpétuelle entre la France et la Savoie fut durant des siècles une lutte terrible se jouant dans ces forts reculés à l'extrême limite de la Provence, en face à face avec l'ennemi.

Colmars-les-Alpes, village fortifié typique de la Haute-Provence avec ses cadrans solaires et ses murs de pierres sèches, avait les Savoyards presque à portée de canon : la frontière (aujourd'hui entre Alpes-de-Haute-Provence et Alpes-Maritimes) courait au col des Champs (2 045 m), à quelques encablures. Il s'est défendu âprement lors de longues guerres, a subi plusieurs sièges et a été en première ligne des luttes incessantes qui ont ensanglanté la région pendant des siècles.

Massacrée par les armées de Charles Quint, puis assiégée par les Savoyards, Entrevaux fut elle aussi en première ligne, ville frontière du royaume de France dressant sa citadelle vertigineuse face aux Piémontais. Tout comme à Briançon, Embrun, Fort-Queyras, Seyne et Colmars, la citadelle fut renforcée par Vauban sous Louis XIV, afin de garantir la résistance des villes frontières.

▷ *La citadelle d'Entrevaux (04).*

# SOMMET *détrôné*

Jusqu'en 1860, la Barre des Écrins était, avec ses 4 101 m d'altitude, le point culminant de la France. L'annexion de la Savoie lui a causé du tort… Le roi a sombré à la neuvième place du classement des plus hauts sommets français, détrôné par le mont Blanc et le mont Maudit, le Dôme du Goûter, le mont Blanc du Tacul, plusieurs sommets des Grandes Jorasses, l'aiguille Verte et les aiguilles du Diable. Il reste cependant le plus méridional de nos 4 000 m, le toit des Alpes du Sud. Sa première ascension eut lieu en 1864, par une cordée prestigieuse où on retrouve, outre Adolphus Moor, les célèbres Walker et Whymper, guidés par Michel Croz et Christian Almer.

# TIGNES
## *les sacrifiés de l'hydroélectricité*

Qui pourrait imaginer, en voyant Tignes la sportive, l'histoire tragique de son village englouti ? Après la Seconde Guerre mondiale, les besoins électriques de la France sont considérables. Les pouvoirs publics recherchent des lieux propices à l'édification de grands barrages hydroélectriques, et la configuration géographique de Tignes, en Savoie, leur semble idéale. Le barrage du Chevril sera le plus haut de France, avec 180 m de hauteur pour 300 m de large. Un colosse de béton décoré aux couleurs d'Hercule.

Seul hic, un village sera noyé… Mais « les emplacements favorables à de grands barrages d'accumulation sont trop rares dans les Alpes françaises pour que l'on abandonne, sans raisons capitales, ceux qui peuvent être aménagés », estime un rapport. Sans raisons capitales ? Les habitants de Tignes ne l'entendent pas de cette oreille. La résistance s'organise et les travaux sont scandés d'actes de sabotage, de rébellion et d'une vaste campagne médiatique. Peine perdue : les maisons seront dynamitées et noyées, sous le regard désespéré de leurs habitants. Aujourd'hui encore, l'église de Tignes, démontée et rebâtie au cœur de l'actuel village, porte les stigmates de la colère : son Christ a les bras baissés vers le sol, pour déplorer la perte du village noyé.

# 220 M

C'EST LA LONGUEUR de la passerelle himalayenne du Drac, qui surplombe le lac de Monteynard. Sa hauteur varie entre 40 et 80 m en fonction du niveau des eaux turquoise du Monteynard. Toujours vertigineux…

# UN MONT ATHOS
## *dans le Vercors*

Le mont Athos est une montagne du nord de la Grèce où vit une communauté monastique orthodoxe suivant strictement la règle de l'abaton, qui interdit à « toute créature femelle » (excepté les poules et les chattes) de pénétrer sur son territoire. Aucune femme ne peut donc visiter le mont. Mais il existe heureusement dans le Vercors un métochion (un monastère dépendant) du mont Athos, celui de Saint-Antoine. Niché dans l'énorme cirque rocheux de Combe-Laval, sous ses 600 m de paroi calcaire, ce site exceptionnel accueille depuis 1978 des moines orthodoxes célébrant la Divine Liturgie dans l'étonnante église de style byzantin. La solitude du Vercors sied aux ascètes et aux ermites… et la loi française interdisant la ségrégation sexiste, les femmes y sont les bienvenues !

“Le vrai montagnard est un vagabond. Par vagabond, j'entends un homme qui aime à aller où jamais aucun homme ne s'est hasardé avant lui : qui met sa joie à s'agripper à des rochers n'ayant jamais senti le toucher des doigts humains, à tailler sa route dans des couloirs de glace dont les ombres farouches sont le refuge des nuages et des avalanches. Les dalles décharnées et nues, les ressauts verticaux et précipiteux de l'arête, la glace noire du couloir en surplomb sont le souffle même de la vue de son être. La voie la plus difficile conduisant au pic le plus difficile est celle que l'on devrait toujours tenter.

Alfred Mummery, alpiniste anglais, *Mes escalades dans les Alpes et le Caucase*, 1895 (Mummery meurt cette année-là, dans ce qui fut la toute première tentative d'ascension d'un 8 000, sur le Nanga Parbat, au Pakistan.)

# Le vrai montagnard est un vagabond.

△ *Le lac de la Muzelle.*

△ *Le lac Miroir.*

# AU TOP
## des lacs d'altitude

– Le plus flamboyant : le lac Miroir, dans le Queyras, avec ses mélèzes que chaque automne incendie.
– Le plus bleu : de nombreux lacs d'altitude prennent des teintes étonnantes, en raison des sédiments rocheux clairs tapissant les fonds, mais le lac Blanc de Belledonne porte très mal son nom – son bleu bonbon est presque phosphorescent !
– Le plus haut : le plus haut lac d'altitude d'Europe est le lac d'Allos, dans le Mercantour, à 2 230 m au milieu de cimes évoquant les rocheuses canadiennes.
– Le plus épris : le lac d'Amour, dans le Beaufortain, ouvre son cœur parfait à la Pierra Menta et lui offre des brassées de linaigrettes. Mais on pourrait aussi citer le lac de la Muzelle, en Oisans, avec le rocher en forme de cœur qui surplombe ses eaux turquoise.

△ *Le lac d'Allos.*

△ *Le lac blanc de Belledonne.*

– Le plus insolite : le lac des Vaches, en Vanoise, avec l'énorme marelle de lauzes qui le traverse.
– Les plus beaux reflets : irez-vous pêcher le mont Blanc dans les eaux des lacs des Chéserys, à Chamonix, ou ceux de la Meije dans le lac du Goléon, en Oisans ?
– Le plus italien : le lac des Neuf couleurs, dans le Chambeyron. Seuls les esprits subtils décèleront les neuf nuances de bleu, mais la frontière italienne est au-dessus de la crête…

▽ *Le lac des Chéserys.*

# OREILLES *de l'espace*

Le pic de Bure, dans le Dévoluy, est l'un des sites les plus étonnants des Alpes : sous le sommet, une forêt de paraboles gigantesques, comme autant d'oreilles grandes ouvertes sur l'espace, s'ouvre sur un immense plateau calcaire. Ces douze paraboles de 15 m de diamètre appartiennent à l'observatoire interféromètre du plateau de Bure, qui profite de l'air cristallin du Dévoluy pour sonder l'espace et analyser la naissance des étoiles.

7

# ÉTYMOLOGIE *fiscale*

Le mot reblochon vient du verbe *blocher,* traire, et remonte au XIIIe siècle, lorsque les seigneurs locaux prélevaient une partie du lait de leurs paysans. Ceux-ci, roublards, se mirent à ne traire que partiellement leurs vaches, pour pouvoir « blocher » ensuite clandestinement et fabriquer du fromage avec le lait très gras et crémeux de la deuxième traite, donnant ainsi le reblochon.

# AOSTE
## *Rome du Nord, Pompéi des Alpes*

Pour les Romains, la Vallée d'Aoste constituait la charnière entre l'Italie et le reste de l'Europe. Verrou crucial entre nord et sud, il était le point de passage dans la muraille alpine. Papes et empereurs, chevaliers et artistes, marchands et fugitifs, tous étaient soumis au franchissement de deux cols valdôtains, celui du Petit-Saint-Bernard, aujourd'hui entre France et Italie, et celui du Grand-Saint-Bernard, aujourd'hui entre Suisse et Italie. De nos jours, nul besoin de mules, d'armées, de lances et de sauf-conduit papal pour passer de l'Europe du Nord au soleil de la péninsule italique, il vous faudra juste compter 64,20 euros l'aller-retour (pour franchir le tunnel du mont Blanc).

Mais Aoste reste la petite Rome du Nord, ou la Pompéi des Alpes : après avoir soumis le peuple des Salasses, Auguste la conçoit comme une projection de la puissance impériale au nord de l'Italie, une avant-scène de son faste à destination de toute l'Europe transalpine. Sa porte prétorienne, son arc de triomphe, son cryptoportique et surtout son théâtre romain (4 000 spectateurs, une façade de 22 m) continuent de suggérer qu'il ne fallait pas se frotter à l'empire… le tout dans un impressionnant cocktail de 4 000 m, avec notamment les versants italiens du mont Blanc et du Cervin.

# LES NOMS *qui n'existent pas*

Imaginez la scène : les skis vissés sur le toit, l'appareil à raclette sous les pieds du petit dernier, des chaussettes dépareillées plein le coffre, la famille part à la neige. Mais au moment d'entrer le nom de la station dans le GPS, échec. C'est un GPS à l'ancienne, bêtement attaché aux codes postaux, aux noms officiels des localités. La créativité toponymique des marketeux montagnards, connaît pas. Et en vérité, nombre de stations ont des noms qui n'existent pas.

Les Saisies, le « grenier à neige » du Beaufortain, rendue célèbre par les JO d'Albertville ? Inconnu à cette adresse : la station fondée par le skieur autrichien Erwin Eckl se situe en vérité sur les hauteurs de Hauteluce, sublime village que personne ne connaît. Aux Saisies, on skie avec des vues inouïes sur le mont Blanc, le mont Charvin et la Pierra Menta, on pratique le *snow farming* en conservant la neige sous des bâches d'une année sur l'autre, mais on zappe le cadastre.

Praz de Lys Sommand ? Un joli nom champêtre qui évoque les alpages fleuris et sied à la verdoyante vallée du Giffre, mais qui ne nous dit absolument pas que la station haute-savoyarde a pour résidence légale Taninges, la Mecque du reblochon, et Mieussy, pays des chapelles à bulbes. L'un des plus jolis coins de Haute-Savoie, mais que le GPS ne sait pas situer, ce qui aggrave son charme.

Méribel, station huppée au cœur du plus grand domaine skiable au monde, les 3 Vallées ? L'abonné n'est pas répertorié : le nom officiel de la commune est Les Allues, dont, admettons-le, personne n'a jamais entendu parler, tandis que le beau vocable tintant de Méribel est synonyme de glisses effrénées et de chic cosmopolite pour tout amateur de flocons.

# MONACO
## *État alpin*

On l'oublie souvent, car les fromageries évoquent davantage les Alpes que les casinos, le génépi plus que la liqueur d'orange amère, et les télésièges plus que les aquariums, mais Monaco est bien un État alpin à part entière, signataire de la Convention alpine et associé à tous les projets d'aménagement et de protection de la chaîne. Si le point culminant de Monaco ne se situe qu'à 164 m, c'est parce que le sommet de la montagne concernée est français : le territoire de la principauté s'arrête sur les flancs du mont Agel, qui culmine lui à 1 151 m, sur la mythique route de la Grande Corniche.

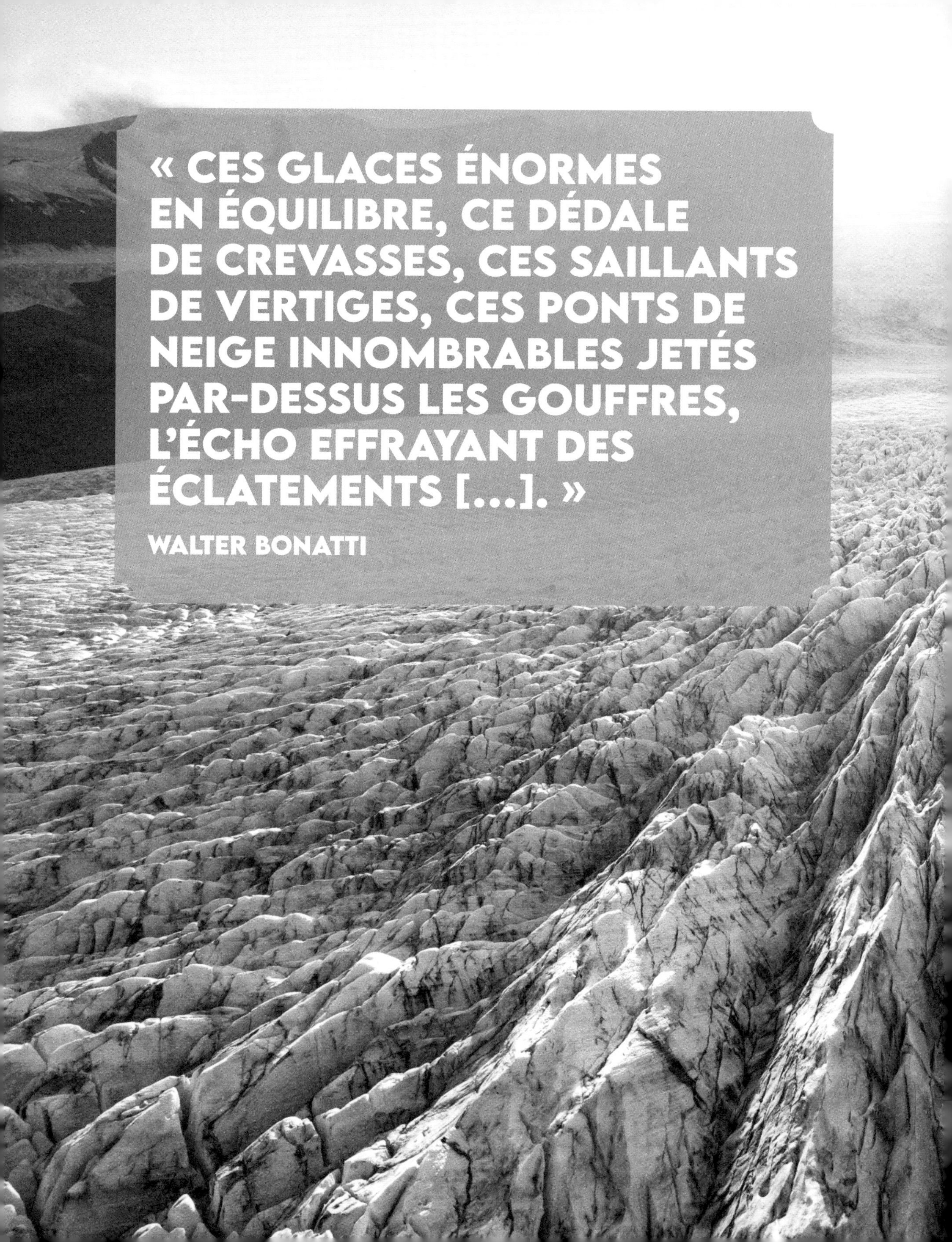

**« CES GLACES ÉNORMES EN ÉQUILIBRE, CE DÉDALE DE CREVASSES, CES SAILLANTS DE VERTIGES, CES PONTS DE NEIGE INNOMBRABLES JETÉS PAR-DESSUS LES GOUFFRES, L'ÉCHO EFFRAYANT DES ÉCLATEMENTS […]. »**

**WALTER BONATTI**

# ESSES

## *alpins*

CE SONT LES ROUTES à l'assaut des montagnes, les lacets serrés, les esses vertigineuses, les épingles à cheveux qui font fantasmer les motards et frissonner les automobilistes… Parmi les routes en lacets les plus impressionnantes des Alpes, deux sont françaises :

– La route des Escoyères, dans le Queyras : 3 km, 32 lacets, 10 % de pente moyenne.

– La route des lacets de Montvernier, en Maurienne : 3,5 km, 18 lacets, 7,5 % de pente moyenne.

# LE POINT CULMINANT
## *que personne ne connaît*

Quel est le point culminant du massif du Vercors ? Si tout le monde pense spontanément au Grand Veymont (2 341 m), le toit des hauts plateaux du Vercors, la plus haute montagne est en vérité plus au sud. Dans le Diois drômois, à la frontière entre la Drôme et les Hautes-Alpes, le Rocher rond s'élève à 2 453 m au-dessus du vallon de la Jarjatte. Il est le seul sommet de la Drôme à posséder un étage alpin, où fleurit l'edelweiss au milieu du thym... C'est aussi ici que le Buech prend sa source.

Le point culminant de l'Isère est aussi méconnu que celui de la Drôme : il s'agit du pic Lory, 4 087 m, une antécime de la Barre des Écrins (dont le sommet se situe, lui, dans les Hautes-Alpes). Quand on pousse à l'ombre d'une telle star, personne n'entend jamais parler de vous !

▽ *Le Rocher rond, vu du vallon de la Jarjatte.*

# 1970
## *l'année des catastrophes*

Le 11 février 1970, une avalanche d'une violence exceptionnelle balaie le centre UCPA de Val-d'Isère, faisant exploser les vitres et submergeant la salle à manger. 39 adolescents décèdent dans la catastrophe. Plusieurs autres avalanches de grande ampleur avaient eu lieu par le passé dans la zone du col de l'Iseran, d'où est partie la coulée.

Deux mois plus tard, le 16 avril 1970, un glissement de terrain sur le plateau d'Assy, dans le massif des Fiz, tue 71 personnes, dont 56 enfants. La zone était pourtant connue pour ses éboulements monstrueux. À l'été 1751, 20 millions de mètres cubes de roche s'étaient détachés de la crête des Fiz, à l'endroit qu'on nomme aujourd'hui le Dérochoir. De l'autre côté du mont Blanc, en Vallée d'Aoste, la colonne de fumée montant de l'effondrement est visible, et le roi de Sardaigne en vient à croire qu'un volcan s'est réveillé au beau milieu de la Savoie.

Les deux drames de 1970, que l'étude du terrain et les enseignements du passé auraient dû permettre d'éviter, modifient profondément la gestion des risques en montagne. Ces traumatismes permettront la création d'une vraie politique de prévention.

# WOODSTOCK *des grimpeurs*

VOUS DORMEZ EN TENTE et êtes réveillé par un type qui hurle « Vachéééé ! » ? Vous éternuez de la magnésie au petit déjeuner ? Vous avez perdu deux mousquetons et une dégaine à l'apéro, et quand vous avez trop tiré, vous faites une sieste sur le crashpad ? Vous êtes à Ailefroide, paradis des grimpeurs dans les Écrins, du côté de Vallouise-Pelvoux. Avec la variété des possibilités d'escalade dans la région – couenne, grande voie et bloc, tout est possible – et l'ambiance inimitable du camping d'Ailefroide, le hameau est devenu chaque été une sorte de festival perpétuel des fous du caillou, où on vient autant pour le sport que pour l'atmosphère.

Le lieu doit beaucoup à l'œuvre de Jean-Michel Cambon, équipeur acharné et mythique des voies de « l'Oisans sauvage », qui a posé des spits sur presque toutes les falaises de l'Isère et des Hautes-Alpes, et qui a trouvé la mort en poursuivant son travail sur les rochers de Ponsonnas, en Isère, près du fameux spot de saut à l'élastique. Un plongeon sans filet pour un oiseau libre.

# FAUX
# *reblochon, vrais moines*

DANS UNE COMBE des Bauges, à 900 m d'altitude et à deux pas d'Albertville, se niche l'abbaye de Tamié. Ici vivent 25 moines cisterciens-trappistes au sein d'une communauté fondée en 1132, où le dépouillement de l'église romane contraste avec la richesse des chants liturgiques. Les moines gagnent leur vie en fabriquant et en vendant le Tamié, un très bon fromage de vache qui, ne le dites à personne… est plus ou moins un reblochon de contrebande. Parfait pour la croziflette – la même chose que la tartiflette, mais avec des crozets (pâtes de Savoie) au lieu des pommes de terre. Un plat divin.

# LES MEXICAINS
## *de Barcelonnette*

POURQUOI UN CONSULAT du Mexique à Barcelonnette, petite ville des Alpes-de-Haute-Provence ? Parce que pendant plus d'un siècle, des milliers d'habitants partirent faire fortune au Mexique et revinrent ensuite au pays natal chargés de trésors pour y vivre leurs vieux jours. Entre 1805, date de la première émigration, et la dernière dans les années 1950, pas moins de 70 maisons mexicaines furent bâties à Jausiers et Barcelonnette. On estime qu'il n'existe pas une seule famille à Barcelonnette dont l'un des membres de la famille ne soit pas parti au Mexique ! Trésors et artefacts mexicains, masques, Santa Muerte et autres costumes colorés se nichent dans nombre de maisons, et au très beau musée de Barcelonnette.

▽ *À gauche : la villa Sapinière, à Jausiers. Au centre : le château des Magnans, à Jausiers. À droite : la villa Bleue, à Barcelonnette.*

# Si, une seule fois, vous avez vu au sommet d'une montagne le soleil émerger.

« Les montagnes immortelles, souveraines, règnent sur votre cœur, car vous ne pouvez pas oublier, n'est-ce pas ? Si, une seule fois, vous avez vu au sommet d'une montagne le soleil émerger de la Terre. Si, une seule fois, accrochés de toutes vos forces à la montagne, vous avez senti que votre vie ne dépendait plus que de vos deux mains. Vos deux mains nues, crispées désespérément sur le granit. »

René Desmaison, *La montagne à mains nues*

# ÉTYMO *alpine*

Cargneule, nom féminin : roche sédimentaire de couleur ocre ou rouille, qui tend à se fracturer et à se dégrader en créant des décors étranges. On en trouve beaucoup dans le parc national de la Vanoise, en Savoie, et la plus célèbre de toutes se dresse à 2 700 m au-dessus de Tignes : c'est l'arche de l'aiguille Percée.

# LA LOURDES
## *des Alpes*

Qui, des Alpes ou des Pyrénées, possède le sommet préféré de la Vierge Marie ? Si Lourdes s'impose comme le premier sanctuaire de France en nombre de pèlerins, il est talonné par son pendant isérois haut perché : la sublime basilique de Notre-Dame-de-la-Salette. Sur les hauteurs de la Matheysine, face aux sommets du Dévoluy et au-dessus du lac du Sautet, la mère de Dieu a choisi un décor naturel grandiose pour apparaître à deux jeunes paysans de 15 et 11 ans, Mélanie et Maximin, un jour de septembre 1846. Plus de 300 000 pèlerins viennent chaque année à 1 800 m d'altitude prier dans cet étonnant sanctuaire alpin, où les marmottes viennent quémander des gâteaux sur le parking (Jésus a dit, laissez venir à moi les petites marmottes).

# LE GOTHA
## des morts

LE CIMETIÈRE le plus convoité des Alpes est celui du Biollay, à Chamonix, dit le « cimetière d'alpinistes ». Les places y sont rares et chères : locaux, guides de montagne et alpinistes se battent pour reposer au côté des légendes des cimes. Être enterré au Biollay, c'est rejoindre le bal des défunts héroïques et devenir pour l'éternité un vrai alpiniste. On y retrouve notamment la célèbre « cordée 21 », trois compagnons que beaucoup considèrent comme les plus grands alpinistes français de tous les temps, Terray, Lachenal et Rébuffat.

Lionel Terray, héros des batailles alpines de la Seconde Guerre mondiale et auteur des *Conquérants de l'inutile*, repose aux côtés de son épouse Marianne. Louis Lachenal, vainqueur de l'Annapurna avec Maurice Herzog, a trouvé ici sa dernière demeure après s'être tué à skis dans une crevasse en Vallée blanche, au pied des pointes qui portent aujourd'hui son nom. Quant à Gaston Rébuffat, l'immense grimpeur se jouant des calanques et des aiguilles de Chamonix, sa tombe arbore l'inscription : « L'alpinisme, c'est conduire son corps là où un jour ses yeux ont regardé. »

On retrouve Maurice Herzog, l'autre vainqueur du « premier 8 000 », ainsi que Jean Vincendon et François Henry, jeunes alpinistes parisiens victimes d'un drame en 1956, qui les a vus agoniser pendant plusieurs jours à portée de jumelles de la vallée, sans qu'on puisse les secourir.

Enfin, Edward Whymper, le vainqueur du Cervin, repose également dans la cité chamoniarde, où il est mort paisiblement à l'âge de 71 ans, dans une chambre d'hôtel. Mais s'il n'avait pas été terriblement chanceux, il aurait reposé dans un autre cimetière d'alpinistes célèbre, celui de Zermatt...

# RIVIÈRE *bicolore*

MAGNIFIQUE RIVIÈRE en tresse, le Buech prend sa source à Lus-la-Croix-Haute, dans les plus hautes montagnes drômoises, et se charge de roches claires qui lui donnent une étonnante couleur turquoise. À Sisteron, il rejoint la Durance, dont la couleur est plus sombre. Depuis la citadelle, on voit les eaux bleues se mêler aux eaux grises dans un étonnant camaïeu bicolore, comme un pochoir XXL dans le paysage…

# AVORIAZ
## *monde fantastique*

Lorsqu'on arrive à Avoriaz l'hiver, on croirait plonger dans un film de science-fiction. Nichée sur les falaises au-dessus de Morzine, la station de ski reste futuriste, plus d'un demi-siècle après sa construction en 1966. Les pyramides de bois brut, élancées comme les cimes des épicéas savoyards, ne sont pas vernies, et les tavaillons de bois brut se patinent au fil des années, dans un camaïeu de bruns qui épouse le cirque rocheux dans lequel elles se nichent. C'est ainsi que Jacques Labro a conçu l'« architecture organique » de cette station qui ne ressemble à aucune autre. Avoriaz était la vision d'un jeune champion olympique natif de Morzine, Jean Vuarnet, qui rêvait d'une station de ski sans béton et sans voitures sur les falaises surplombant son village natal. On laisse sa voiture à l'entrée, et on se déplace à pied ou à traîneau. Une centaine de chevaux et une vingtaine de cochers arpentent ainsi toute la journée le site pour conduire les voyageurs à leur hébergement, valises chargées à l'arrière du traîneau, ou encore entre restaurants et magasins. Les taxis d'Avoriaz, ce sont les traîneaux hippomobiles !

« LES MONTAGNES NE VIVENT QUE DE L'AMOUR DES HOMMES. LA TECHNIQUE DOIT SERVIR UN ENTHOUSIASME, SINON ELLE RÉDUIT LE MONDE DE L'ALTITUDE AUX PROPORTIONS D'UN GYMNASE. »

GASTON RÉBUFFAT

# FANTÔME *du lac & chapelle miraculée*

À CHEVAL ENTRE les Hautes-Alpes et les Alpes-de-Haute-Provence, Serre-Ponçon est le plus grand lac artificiel de France, avec 1 272 milliards de mètres cubes d'eau et 2 800 hectares de superficie. Le lac est né en 1961, lors de la mise en eau de l'immense barrage de Serre-Ponçon. De nombreux villages furent noyés, des habitants déplacés, notamment ceux de Savines et d'Ubaye. Des légendes sont nées de la douleur des exilés, notamment celle d'Amédée, le fantôme du lac, un homme qui aurait refusé de quitter sa maison engloutie et causé de nombreux accidents étranges sur le chantier… On raconte qu'il rôde encore sur les berges à la tombée de la nuit.

Le barrage de Serre-Ponçon présentait un intérêt direct pour les riverains de la Durance. Les crues de cette rivière sauvage dévastaient régulièrement cultures et villages tout au long de son lit, faisant de la Durance la bête noire de tous les vieux paysans provençaux. Un barrage cadenassant ses ardeurs était en projet depuis 1856, et ardemment souhaité par nombre de vignerons, las de voir leurs ceps emportés par les flots ! Des villages noyés par la mise en eau du barrage, il ne reste qu'une église, la chapelle Saint-Michel. Trônant autrefois sur une colline, elle demeure aujourd'hui solitaire sur son îlot au milieu des eaux… Peut-être y croiserez-vous Amédée au crépuscule ?

# TOUT
## *un symbole*

Attention, il faut rester vigilant : tout recouvert de poils blancs, l'edelweiss peut facilement être confondu avec le yéti… Aussi appelé pied-de-lion, étoile d'argent, immortelle des neiges ou étoile des glaciers, l'edelweiss *(Leontopodium alpinum)* est la fleur emblématique des Alpes. La Suisse l'a d'ailleurs pratiquement adopté comme symbole national. Tirant son nom de l'allemand *edel* (noble) et *weiss* (blanc), les bergers l'offraient ou le gardaient comme porte-bonheur. Malheureusement, sa cueillette excessive a rendu l'edelweiss rare dans la nature, où la plante pousse surtout en altitude. Alors on regarde, mais pas touche !

# FOU
## *des cimes*

Le génépi est une armoise, tout comme sa cousine l'absinthe. Et de même que l'absinthe, il contient une molécule neurotoxique qui rend fou, la thuyone, à moindre dose cependant. Avec la petite fiole de génépi pour célébrer la fin de l'ascension, on est surtout fou des cimes…

8
12

# PRINCE des gruyères

Qui Brillat-Savarin couronna-t-il du titre de prince des gruyères ? Le beaufort, bien sûr, le roi des fromages de Savoie ! Quatre cents litres de lait de vaches tarines et abondances, nourries à l'herbe des prés du Beaufortain, de la Maurienne ou de la Tarentaise, sont nécessaires pour confectionner une meule de 40 kg de Beaufort. Elle sera cerclée de bois de hêtre, et son talon légèrement concave sera le signe distinctif de l'AOP. Longtemps, le beaufort fit la fortune des villages de Savoie. Dans de nombreuses communes des trois vallées fromagères, les somptueux retables baroques qui élèvent les fidèles vers le ciel furent financés grâce à des dons bien terrestres : l'argent du beaufort !

« AJOUTE À CELA que sur les esplanades les plus élevées, la voûte céleste s'offre à ton regard, libre et tout entière : sans obstacles, tu peux contempler la course des astres du levant au ponant. Ici, dans un silence profond et religieux, du haut des crêtes sublimes de la montagne, on croirait presque percevoir l'harmonie, s'il en est une, des sphères célestes. »

Conrad Gessner, au sujet de son ascension du mont Pilate (Suisse), en 1555

# La voûte céleste s'offre à ton regard, libre et tout entière.

# LA MER de Glace

En 1741, Windham et Pocock, deux Anglais en vacances à Genève, aperçoivent de loin la terrible silhouette du mont Blanc, « taupinière blanche » encore inexplorée, et décident d'aller voir le monstre de plus près. C'est alors qu'ils découvrent cette fascinante langue glaciaire qui descend du Montenvers vers la vallée, qu'ils nomment *Sea of Ice* : la mer de Glace était née. Dans le roman *Frankenstein* de Mary Shelley (1818), c'est au-dessus des brumes de la mer de Glace que l'inventeur retrouve sa créature maudite… dans un décor de désolation et de « sublimes horreurs ».

# JOUER
## *aux osselets*

Avec 3 m d'envergure et un poids de 7 kg, le gypaète barbu en impose. À cause de sa taille effrayante, le plus grand des vautours d'Europe a longtemps été accusé d'enlever les enfants (alors qu'il est strictement charognard). Passé tout près de l'extermination complète, il a été réintroduit en France, où on le surveille de près. La femelle gypaète pond un seul œuf chaque hiver, et le moindre dérangement risque d'induire l'abandon de la couvée. Pour aider le vautour, des charniers ont été placés à proximité de ses lieux de nidification : attention aux randonneurs, on risque de tomber sur une pile de pattes de moutons putréfiées...

# LES SECRETS
## *du plancher*

En l'an 2000, les propriétaires du château de Picomtal, sur les hauteurs du lac de Serre-Ponçon, dans les Hautes-Alpes, se livrent à une rénovation de leur plancher. C'est alors qu'ils découvrent 72 textes écrits au fusain noir à même les planches, rédigés en 1880 par le menuisier Joachim Martin. Sachant qu'il ne serait pas lu de son vivant – « Heureux mortel. Quand tu me liras, je ne serai plus » –, l'artisan a tenu la chronique de sa vie et de celle de son village. Politique, sexualité, vie personnelle et tracas du quotidien se mêlent sous les lattes du plancher, retraçant l'histoire ordinaire d'un village alpin français telle que les « petites gens » l'ont vécue. Il livre aux planches les secrets des adultères, mais aussi des infanticides, en confiant à la postérité le nom d'un tueur de nouveau-nés multi-récidiviste… et demeuré impuni !

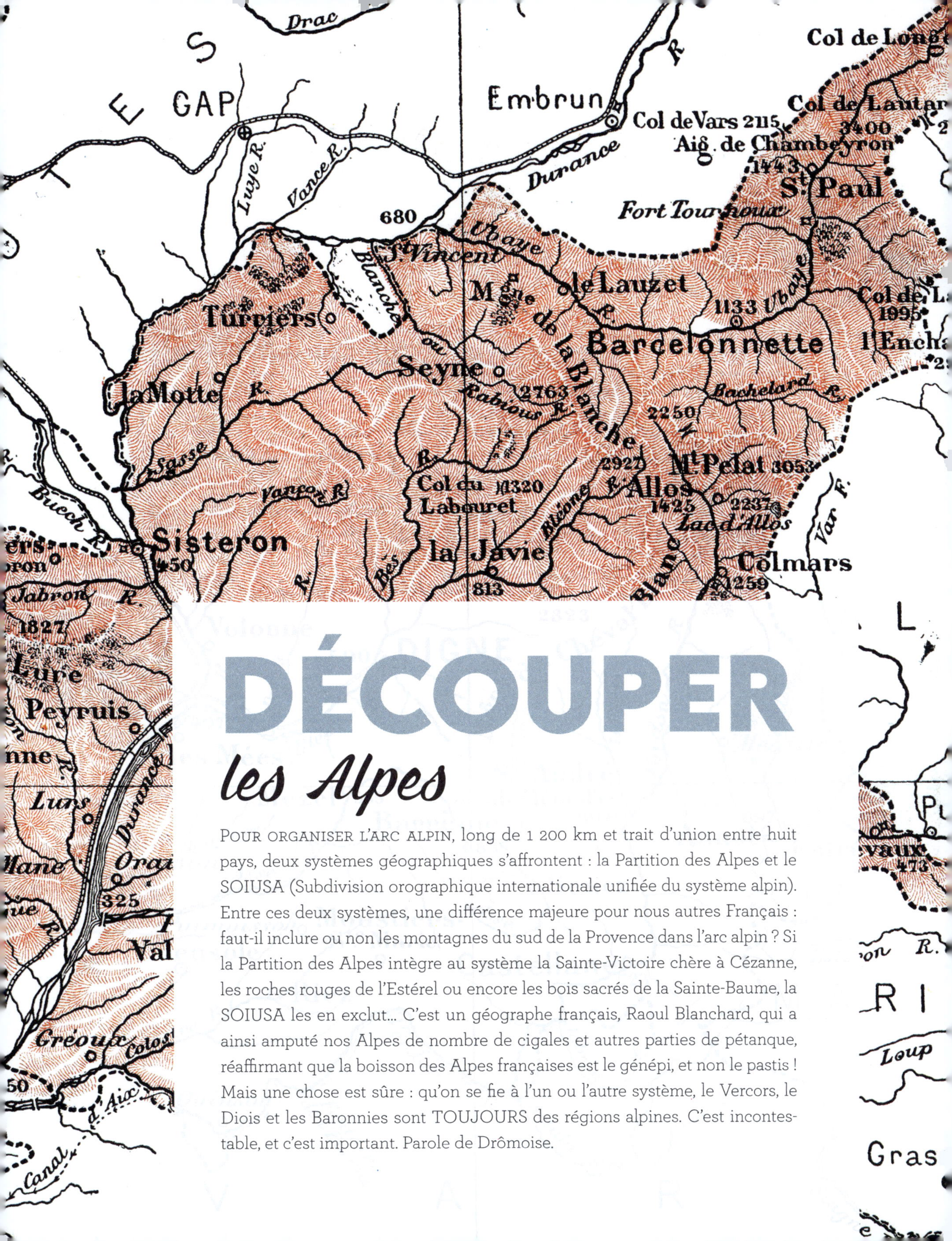


# DÉCOUPER *les Alpes*

Pour organiser l'arc alpin, long de 1 200 km et trait d'union entre huit pays, deux systèmes géographiques s'affrontent : la Partition des Alpes et le SOIUSA (Subdivision orographique internationale unifiée du système alpin). Entre ces deux systèmes, une différence majeure pour nous autres Français : faut-il inclure ou non les montagnes du sud de la Provence dans l'arc alpin ? Si la Partition des Alpes intègre au système la Sainte-Victoire chère à Cézanne, les roches rouges de l'Estérel ou encore les bois sacrés de la Sainte-Baume, la SOIUSA les en exclut… C'est un géographe français, Raoul Blanchard, qui a ainsi amputé nos Alpes de nombre de cigales et autres parties de pétanque, réaffirmant que la boisson des Alpes françaises est le génépi, et non le pastis ! Mais une chose est sûre : qu'on se fie à l'un ou l'autre système, le Vercors, le Diois et les Baronnies sont TOUJOURS des régions alpines. C'est incontestable, et c'est important. Parole de Drômoise.

# LA RIVIÈRE *glaciaire qui ne gèle jamais*

HINTERTUX est l'une des plus hautes stations des Alpes autrichiennes. Sur ce glacier du Tyrol, on skie toute l'année, même en plein été, à plus de 3 000 m d'altitude. Curiosité de ce glacier : la grotte de glace d'Hintertux, qui n'a pas été sculptée par l'homme, et qui ne capitule pas face à la chaleur de l'été. C'est un skieur et alpiniste originaire de la région, Roman Erler, qui la découvre par hasard en 2007, une faille béante dans la muraille de glace ayant attiré son regard. Lorsqu'il glisse la tête à l'intérieur, il ne voit rien : l'immense cavité, qu'il pressent à l'écho de sa voix tombant dans le noir, se cache dans une obscurité épaisse. Mais la curiosité l'emporte, et Roman agrandit l'ouverture avec son pic à glace...

La grotte d'Hintertux semble échapper au lot commun des glaciers, qui avancent et se déplacent sans cesse. Ici, malgré les variations de température et les précipitations, la glace ne s'enfonce pas, ne disparaît pas, ne se déplace pas. Seules les déformations des colonnes transparentes révèlent la pression croissante du glacier. Un puits de 52 m de profondeur a permis de révéler des molécules prisonnières de l'hiver depuis des centaines d'années, comme une capsule temporelle livrée à la curiosité scientifique. Au fond coule une rivière glaciaire qui ne gèle jamais, maintenue juste au-dessus de 0 °C par un cocon de glace qui l'isole. On la parcourt en rafting, en kayak, en paddle, et les nageurs de l'extrême viennent s'y entraîner : dans la série nage en eau froide, on fera difficilement mieux que cette baignoire aux murs de glace !

**« QUI GRAVIT LES HAUTES CIMES SE RIT DE TOUTES TRAGÉDIES JOUÉES ET DE TOUTES TRAGÉDIES VÉCUES. »**

**NIETZSCHE**

# PEINTURE *sonore*

PROPRIÉTAIRE d'une jolie villa à Garmisch-Partenkirchen, fou amoureux des Alpes bavaroises, le compositeur Richard Strauss leur a dédié une œuvre, l'*Alpensinfonie*, ou Symphonie des Alpes. Ce morceau se veut très descriptif : Strauss a souhaité qu'il soit ce que les Allemands appellent *Tonmalerei*, une peinture sonore. Il raconte un souvenir d'enfance du compositeur, une randonnée en montagne sur la montagne du Heimgarten (Bavière), de l'aurore à la nuit, avec le déchaînement d'un orage au sommet. On y entend les grands cors des Alpes, les cloches des troupeaux, les bruits du torrent, le fracas du tonnerre… Il ne manque plus qu'une chope de bière et une portion d'Obatzda (le fromage emblématique de la Bavière, une sorte de purée de camembert épicé) pour s'y croire totalement !

# FOULE *de museaux*

Sur le plateau des Mourres, dans la région de Forcalquier, grouille un étonnant peuple de pierre. Parmi les arches et les dentelles rocheuses, on croirait discerner les têtes et les cous de bêtes extraterrestres, des fleurs de roche et autres chenilles pétrifiées. En provençal, *mourre* signifie museau, et sied à ces cheminées de fées aux formes baroques, sculptées par les caprices de l'érosion mordant le calcaire. La vue sur la vallée de la Durance, les Alpes et les hauts contreforts du Verdon doit enchanter les bestioles...

# ROSES GLACÉES

## & lys gelés

Au cœur des Alpes, à cheval entre Suisse et Italie, l'immense massif du Mont-Rose compte pas moins de onze sommets dépassant les 4 000 m, dont la Pointe Dufour (4 634 m), première dauphine du mont Blanc à la course aux records d'altitude. On pourrait croire que son toponyme vient de cette teinte rose flamboyant qui colore les montagnes enneigées au crépuscule, à laquelle les Allemands donnent le beau nom d'*Alpenglühen* (littéralement : le flamboiement des Alpes). Mais en vérité, « rose » est une déformation de « roise », qui signifie glacier en langue valdôtaine. Le massif du Mont-Rose compte 19 000 hectares de glaces, dont l'impressionnant glacier du Lys. Lys et roses, poésie givrée des 4 000…

# VIERGES
## *des cimes*

La mère du Christ récompense souvent les grimpeurs de leurs efforts au sommet des montagnes – vision céleste ! Avec la fatigue de la course et les nuées des cimes, il est facile de se croire déjà arrivé au paradis…

La plus haute d'Europe est la madone qui trône à 4 058 m d'altitude au sommet du Grand Paradis, en Vallée d'Aoste (Italie), dont la pâleur marmoréenne se confond avec celle des neiges. Un pèlerinage obligatoire pour les alpinistes ! Atteignant presque ces hauteurs vertigineuses, on trouve également la Vierge au sommet du Petit Dru (3 730 m), de l'Aiguille noire de Peuterey (3 773 m), de la Meije (3 984 m), de la Tour Ronde (3 798 m) et de la Dent du Géant (4 013 m).

L'une des plus étonnantes est la colossale *pietà* de bois sculpté tenant son fils mort au sommet de la Schönfeldspitze, dans les Alpes de Berchtesgaden, en Autriche. Lorsqu'elle a été endommagée irrémédiablement à l'été 2020, un nouveau sculpteur est aussitôt venu à sa rescousse et a offert une nouvelle statue – providence divine ! Toutes les Vierges des sommets reçoivent régulièrement les ardents témoignages d'amour du ciel, et se voient fondues, pulvérisées ou brisées…

Enfin, la madone la plus pratique est la Vierge du Grépon, au sommet de l'aiguille du même nom, à Chamonix. Elle fut hissée à son sommet

vertigineux par un groupe de jeunes catholiques exaltés en 1927, au prix de sept heures d'efforts harassants et sous la houlette de l'abbé Vuarnet. Lors de la bénédiction de la statue nouvellement scellée, « l'émotion était intense et le guide eut peine à retenir ses larmes ». Ils n'imaginaient pas que la mère de Dieu, si bien arrimée à son socle, sert désormais de point d'ancrage aux alpinistes posant une corde de rappel ! Les voies du Seigneur sont impénétrables...

△ *La Vierge du Grand Paradis.*
▽ *À gauche : la Vierge de l'Aiguille noire de Peuterey.*
▽ *À droite : la Vierge du Grépon.*
◁◁ La Pietà *du Schönfeldspitze.*

# LE PETIT
## *Groenland*

« PLUS HAUT, PLUS BLANC », ce fut longtemps le slogan de Tignes, stade naturel pour les sportifs accros à l'adrénaline, au hors-piste vertigineux et à la neige en toute saison. Véritable banquise savoyarde, Tignes possède à la fois un étrange tunnel désaffecté qui se remplit de stalactites de glace bleue en hiver, et un glacier qui permet de skier même au cœur de l'été.

Peut-être est-ce cette ambiance réfrigérante qui a attiré Alban Michon, le grand explorateur des pôles, célèbre pour ses traversées du Groenland et ses expéditions au pôle Nord géographique ? À Tignes, il a fondé l'école des explorateurs, où on vous apprend (entre autres) à survivre dans la neige, à plonger sous la glace et à nager dans une eau proche de zéro. Les plus frileux optent pour l'*ice floating* : en combinaison de survie utilisée par les marins en mer du Nord pour résister aux submersions inopinées, on flotte au milieu des glaçons, tel un mojito vivant. Le contact de l'eau et de la glace sur l'épaisse combinaison procure un étrange massage, et promis, la sensation de froid ne vient pas avant une bonne heure !

# Son ascension est un rêve intérieur

“SON ASCENSION est un rêve intérieur ; elle nous met dans une sorte d’état de grâce provoqué par un juste équilibre physique et moral, équilibre absolument indispensable à qui veut la gravir. Elle nous propose une éthique nouvelle de la vie qui affirme la prédominance du spirituel sur le temporel. »

Roger Frison-Roche

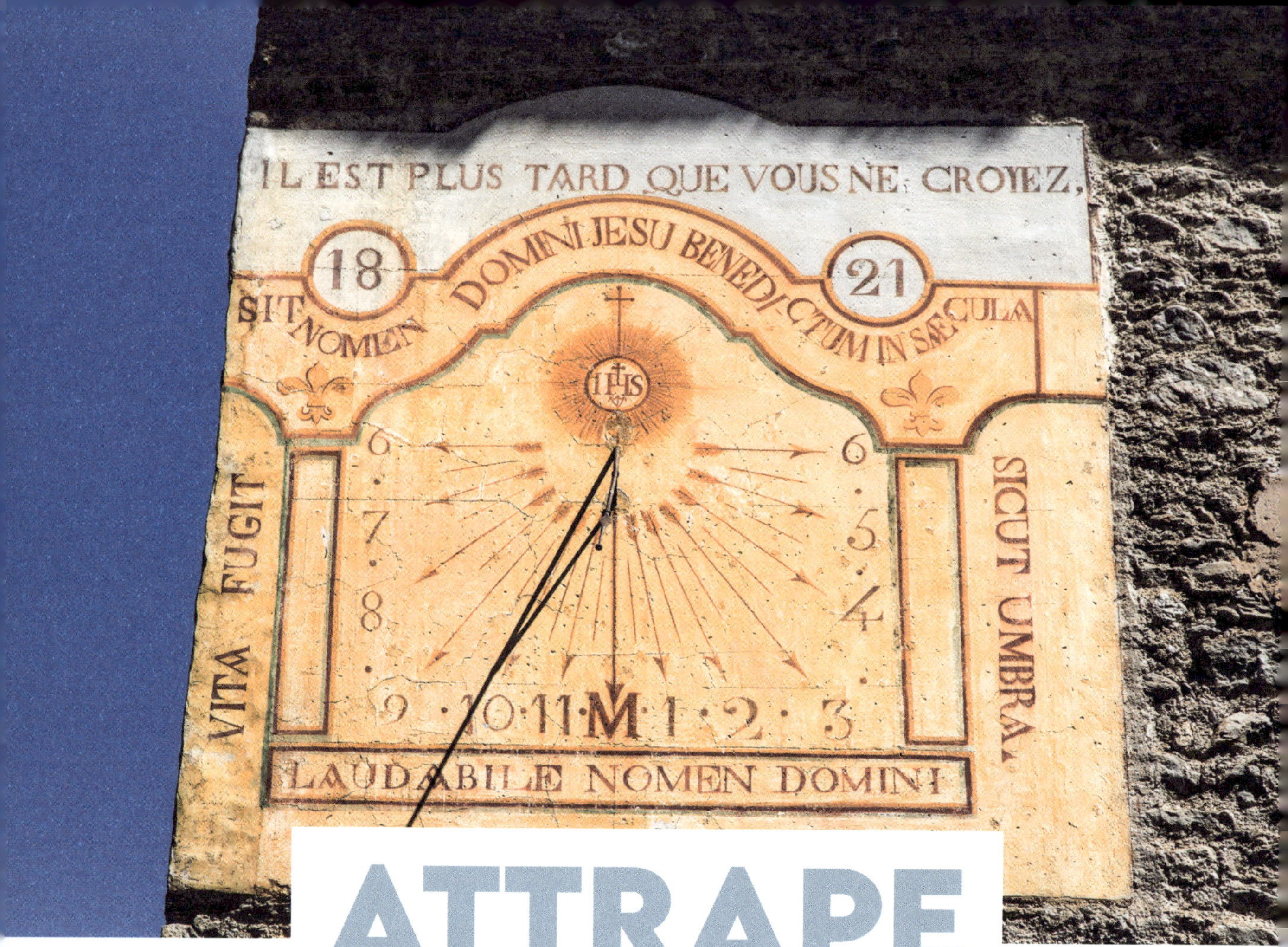


# ATTRAPE *soleil*

DANS CES PAYS de soleil que sont les Alpes du Sud, on cherche à capturer la course de l'astre qui dévale sur les versants abrupts. À partir du XVIIIe siècle, les cadrans solaires se multiplient sur les façades, mêlant les savants calculs du gnomoniste et l'art du cadranier, aussi appelé facteur de cadran, qui se fait peintre, céramiste, tailleur de pierre… Les Hautes-Alpes sont les championnes du patrimoine gnomonique, avec plus de 400 cadrans anciens entre Queyras, Briançonnais, Embrunais et Vallouise, mais les Alpes-de-Haute-Provence ne sont pas en reste, notamment dans les communes du Verdon. Et le plus grand cadran solaire du monde ? Il est tracé sur le barrage de Castillon, près de Castellane, qui discipline les eaux turquoise du Verdon !

# MASTER
## *and commander*

— *Ich bin ein Bergführer* [Je suis un guide]… Il m'appartient de ramener mes clients en vie : pas de les TUER !
— *All right*… J'irai donc me tuer tout seul.
— Monsieur, je ne tolèrerai pas que vous trépassiez sans moi !

Dialogue entre l'alpiniste anglais Mummery et le guide suisse Burgener, inspiré des écrits de Mummery et retranscrit par Nicolas Debon dans sa bande dessinée *L'invention du vide*, 2012

« Dans la vallée, vous êtes le maître, je suis le maître ici. » Peter Bohren, guide suisse, à un client. Bohren est notamment célèbre pour avoir réussi la première ascension de l'Eiger en 1858.

# SAUVÉ *des nazis*

Petit bout du monde classé parmi les plus beaux villages de France, Bonneval-sur-Arc offre le décor idyllique d'une Savoie intemporelle. Certaines maisons se tiennent ici depuis le XV$^{e}$ siècle, et offrent un panorama complet de l'architecture savoyarde traditionnelle : toits de lauzes noires, « pierres marmottes » dressées au sommet des cheminées pour protéger le conduit, murs circulaires à l'arrière des constructions pour casser le déferlement des avalanches sans emporter la maison, balcons sur lesquels on faisait sécher le grébon – des galettes de bouse de vache ou de moutons séchées, qu'on utilisait comme combustible dans ces régions où le bois était précieux. Qu'est-ce qui a permis à Bonneval-sur-Arc de ne pas être détruit, alors que tant de ses voisins ont été incendiés par les nazis ?

Situé au fond d'une vallée très étroite, bordée de hautes montagnes où les maquisards pouvaient facilement se cacher, le village était un foyer de la Résistance savoyarde. L'armée occupante n'osa pas pousser jusque-là, craignant d'être prise en tenaille par le feu des résistants dans le goulet naturel… Le film *Belle et Sébastien* met en scène cette puissante tradition résistante. À deux pas de Bonneval, en contrebas du hameau de l'Écot, on peut admirer les cascades où l'héroïne canine se baigne au début du film. Et chanter à tue-tête : « Belle, tu es si belle… »

# 4 000 ? presque !

Ah, tous ces touristes qui rêvent de « faire un 4000 » ! La barre symbolique fascine les amoureux du chiffre rond. Mais en vérité, certains des sommets les plus beaux et les plus ardus de nos Alpes se tiennent juste en dessous de la toise fatidique. « Sa Meijesté la Meije », reine du Dauphiné, se la joue modeste avec ses 3 984 m. Mais elle fut le dernier sommet majeur des Alpes vaincu par les alpinistes : elle succomba à leurs assauts en 1877 seulement, soit 91 ans après le mont Blanc.

La Suisse compte aussi des joyaux parmi les « presque 4 000 ». Et non, ce n'est pas l'iconique Cervin qui est surnommé le « roi du Valais », mais bien le Bietschhorn (3 934 m). Le grand alpiniste suisse Paul Montandon disait de lui qu'aucune autre montagne ne pouvait lui être comparée. Quant à l'Eiger, l'ogre des alpes bernoises réputé pour son abominable face nord longue de 1 650 m, il ne toise qu'à 3 967 m – ce qui ne l'a pas empêché de dévorer des cordées entières…

△ *Le Bietschhorn (Suisse).*

▷▷ *La face nord de l'Eiger (Suisse).*

**« LES ALPES, C'EST UN PAYS PROFOND OÙ LE CIEL, FATIGUÉ D'ÊTRE BLEU, S'EST ALLONGÉ SUR LA MONTAGNE. »**

**BORIS VIAN**

# ROUTE *antique*

Construite sous Napoléon, la route de la Grande Corniche est la plus méridionale des routes alpines. Surplombant la Méditerranée à plus de 400 m, elle suit le tracé antique de la Via Augusta. C'est sur cette route que trône, dans la commune de La Turbie et depuis l'an 6 av. J.-C., le mythique « trophée des Alpes », commémorant la victoire d'Auguste sur les peuples alpins. Une inscription latine indique que « sous ses ordres et sous ses auspices, tous les peuples alpins qui s'étendaient de la mer Supérieure jusqu'à la mer Inférieure ont été rangés sous la puissance du Peuple romain. Peuples alpins vaincus : les Trumpilini, les Camunes, les Vénostes, les Vennonètes, les Isarciens, les Breunes, les Génaunes, les Focunates, les quatre nations vindéliciennes, les Consuanètes, les Rucinates, les Licates, les Caténates, les Ambisuntes, les Rugusces, les Suanètes, les Calucons, les Brixentes, les Lépontiens, les Ubères, les Nantuates, les Sédunes, les Véragres, les Salasses, les Acitavons, les Médulles, les Ucènes, les Caturiges, les Brigianes, les Sogiontiques, les Brodiontiques, les Nemaloni, les Édénates, les Ésubianis, les Véaminis, les Gallites, les Triulattis, les Ectinis, les Vergunni, les Éguituris, les Némenturis, les Oratellis, les Nérusis, les Vellaves, les Suetri ».

# FLÈCHE
## *de pierre*

« LES MONTAGNES SONT les plus grands clochers de la Terre », écrivait Pierre Dalloz, alpiniste amoureux de l'Oisans. La flèche suprême parmi cette forêt sacrée, c'est la Dibona, le sommet le plus esthétique de l'Oisans. Un véritable oiseau effilé qui transperce le ciel, au cœur du massif du Soreiller. Elle doit son nom à Angelo Dibona, son premier ascensionniste, en 1913. « Cette extraordinaire aiguille, qui jaillit comme un cri du cœur d'un désert de pierres, est là pour faire rêver, image de folie, et pour être admirée durant la longue montée au refuge, puis pour être gravie », disait Gaston Rébuffat de la Dibona.

# VIA *ferrata*

Nées dans les Dolomites pendant la guerre de 1914-1918, les vias ferratas étaient jadis réservées au transport des hommes et de l'artillerie. Parmi les nombreuses vias ferratas des Alpes françaises :

– La plus belle : la via du roc du Vent, au-dessus du lac de Roselend, dans le Beaufortain. Un parcours de funambule au-dessus des eaux turquoise.

– La plus difficile : la via Jules-Carret à proximité de Chambéry, cotée extrêmement difficile, avec ses dévers intenses qui font brûler les bras.

– La plus aérienne : la via du rocher Saint-Julien, à Buis-les-Baronnies, qui enjambe le rocher surplombant la ville au milieu des aiguilles de calcaire.

– La plus avicole : la via du rocher de Neuf Heures, à Digne-les-Bains, au milieu des rapaces qui nichent dans les roches et accompagnent le parcours.

△ et ◁◁ *Via ferrata du roc du Vent.*

# L'ÉCHELLE *du pire*

La discipline alpine la plus ardue et physique de l'alpinisme est la cascade de glace. Il s'agit d'escalader, au moyen de crampons et de piolets spécialement étudiés pour s'arrimer profondément à la glace, des cascades gelées. C'est exercer beaucoup de force pour inventer des prises sur une surface raide et lisse, dans un froid mordant, généralement sous un ruissellement d'eau glacée qui s'infiltre partout et vous transit comme un petit surgelé. Bref, comme le dirait un grand guide : « La cascade de glace, c'est vraiment un truc de bourrin. » Sur l'échelle du pire, la cascade de glace a gelé le thermomètre.

# FACES *nord*

C'EST LA SAINTE TRINITÉ des accros du vertige : les trois grandes faces nord des Alpes, celles des Grandes Jorasses, du Cervin et de l'Eiger. Gaston Rébuffat est le premier à les avoir gravies toutes les trois, un voyage initiatique au royaume du vertige qu'il raconte magnifiquement dans *Étoiles et tempêtes*. À ce jour, la seule femme à avoir gravi les trois en solitaire est l'immense grimpeuse Catherine Destivelle – un exploit accompli en hiver…

# La désolation grandiose de La Bérarde m'est préférable

« Il y a dans le monde de bien plus belles villes que ce pauvre hameau, mais je n'ai pas honte à le dire, la désolation grandiose de La Bérarde m'est préférable à la splendeur éblouissante de Paris. »

Coolidge, grand pionnier de l'alpinisme dans les Écrins, en l'honneur de qui on a baptisé le pic Coolidge

# LA LUTTE *des Haut-Alpins et des Suisses*

Qui possède la ville et le village les plus élevés d'Europe ? La guerre fait rage entre les Hautes-Alpes (France) et les Grisons (Suisse).

À 1 326 m de haut, la belle Briançon, avec ses façades colorées, ses forts et ses remparts Vauban classés Unesco, se targue d'être la ville la plus haute d'Europe. Qu'importe que Davos, dans les Grisons, niche à 1 560 m… « Ce n'est pas une vraie ville », diront certains Briançonnais peu fair-play, oubliant que les deux cités haut perchées ont presque exactement le même nombre d'habitants (11 000).

Même combat pour les villages, le but étant de rechercher le plus haut village habité à l'année (ce qui exclut les hameaux d'alpage occupés l'été seulement). Saint-Véran, le joyau du Queyras, se dit plus haut village d'Europe. L'église, située à 2 042 m, arbore un cadran solaire qui affirme (en occitan) représenter « la plus haute commune où on mange le pain de Dieu ». L'une des plus belles, c'est évident, mais la plus haute, c'est moins sûr ! Le village de Juf, dans les Grisons toujours, aura beau jeu de revendiquer le titre, avec sa trentaine d'habitants à l'année à 2 126 m.

Avec le hameau du Val Claret, partie haute de la station de Tignes, situé à 2 105 m, les Savoyards pourraient faire les malins, mais cette revendication ne semble pas les intéresser outre mesure. Tout comme Val Thorens (plus haute station de ski d'Europe, à 2 300 m), ces lieux sont plus des stations de ski hivernales que de vrais villages, et ne sont occupés que quand tombent les flocons...

Quant aux localités d'Arolla (Val d'Hérens, exactement à mi-chemin entre Zermatt et Chamonix, sur l'épine dorsale des Alpes) et Breuil-Cervinia (en Vallée d'Aoste, au pied du versant italien du Cervin), elles ont beau être de vrais villages habités à l'année, elles n'en sont pas moins hors-jeu, situées respectivement à 2 008 et 2 006 m d'altitude. Trop occupées à soigner leur beauté de carte postale éternelle, elles laissent prudemment les mélèzes et les cadrans solaires du Queyras affronter les pizokels et la viande des Grisons...

◁◁ *Saint-Véran (05).*

▽ *À gauche : Briançon (05).*
*À droite : Davos (Suisse).*

# REFUGES *au top*

– Le plus haut d'Europe : la cabane Reine-Marguerite, à 4 558 m d'altitude, sur la pointe Gnifetti, en Italie. Il abrite la plus haute bibliothèque d'Europe et l'observatoire le plus élevé au monde.
– Le plus haut de France : le refuge du Goûter, à 3 835 m d'altitude, sur l'aiguille du Goûter. Cet étrange œuf d'acier étincelant accueille les alpinistes sur la voie normale du mont Blanc.
– Le plus grand de France : le refuge des Cosmiques, à 3 613 m, face à l'aiguille du Midi, en Vallée blanche, à Chamonix. Il est le point de départ de la voie des trois monts vers le mont Blanc. Il doit son nom aux études sur le rayonnement cosmique qui y ont été conduites.
– Le plus pittoresque : le refuge Antonio Locatelli, au pied des Tre Cime, dans les Dolomites italiennes. Une carte postale, entre volets rouges et pics photogéniques.
– Le premier refuge gardé de France : ce fut le chalet du Recoin, à Chamrousse, au-dessus de Grenoble, en Belledonne. C'est le premier refuge du Club alpin à accueillir un gardien en 1911.

△ *Le refuge du Goûter.*
▷ *Le refuge des Cosmiques.*
▷▷ *Double page suivante : le refuge Antonio Locatelli (Italie).*

RIF. A. LOCATELLI ALLE TRE CIME
DREIZINNENHUTTE

# REFUGES
## *les plus design*

Outre le vaisseau spatial du Goûter au mont Blanc, on citera deux innovations slovènes extraterrestres, le Kanin Winter Cabin, qui ressemble à la rampe de lancement d'une soucoupe volante, et le refuge de Skuta, grande verrière lumineuse dressée en pleine nature. Sans oublier le « refuge fusée » du Triglav : les refuges slovènes adorent faire les malins !

△ *Le Kanin Winter Cabin (Slovénie).* ▽ *À gauche et à droite : le refuge de Skuta (Slovénie).*
◁◁ *Le refuge du Goûter.*

# REFUGES
## *les plus acrobatiques*

Deux refuges se disputent ce titre. En France, le refuge de l'Aigle (photo ci-dessous) est juché à 3 450 m, sur le flanc oriental de la Meije, comme suspendu en équilibre sur une crête au-dessus des glaciers de l'Homme et du Trébuchet. On jurerait qu'un souffle le ferait basculer mille mètres plus bas. Il offre une vue inouïe sur la reine du Dauphiné, la Meije.

En Suisse, on choisira la cabane Bertol (photo ci-contre), incontournable étape à mi-chemin entre Chamonix et Zermatt, sur la mythique haute route glaciaire. Hissée sur un frêle rocher au-dessus du glacier à 2 735 m, elle dévisage la Dent blanche, parfaite pyramide de gneiss et emblème du Val d'Hérens.

# PARLER
## *savoyard*

La vie en Savoie dans l'ancien temps, c'est « sept mois d'hiver et cinq mois d'enfer ». Pendant l'été, on travaille sans relâche pour amasser de quoi subsister durant le long hiver. On monte les bêtes par étapes vers les alpages, puis on fait les foins, qu'on stocke aux alpages, et qu'il faudra descendre à la luge sur la neige verglacée une fois l'hiver arrivé – c'est la *ramasse*, assurée par les *fenatsus*. Mais c'est aussi la veillée où, dans la grande salle commune où vivent hommes et bêtes, on *grenaille* les noix, on épluche les *tartifles* (pommes de terre) et on se chante des chansons…

# UN PEU *de chiffres*

**82** sommets de 4 000 m : 48 en Suisse, 38 en Italie, 24 en France.

**28,5 %** des Alpes sont en Autriche, 27,2 % en Italie, 20,7 % en France, 14 % en Suisse, 5,6 % en Allemagne, 4 % en Slovénie.

**65 % :** c'est la part de territoire que les Alpes représentent en Autriche et en Suisse.

**45 %** des Alpes sont recouvertes de forêts. Le pays le plus forestier est la Slovénie, avec 60 % du territoire recouvert.

**28 %** des Alpes ont un statut de protection (parc régional, national, réserve…).

# BÊTES *légendaires*

Début décembre, quand saint Nicolas vient distribuer du chocolat, il rameute aussi le Krampus, monstre venu emporter les enfants pas sages. Cette bestiole aux cornes géantes, gigantesque et couverte de peaux de chèvres, vous donne tout de suite envie de finir gentiment vos brocolis. Dans le val d'Hérens, les « peluches » (qui n'ont rien de mignon, mais sont des monstres malodorants) débarquent à la fin de l'hiver, lors du carnaval d'Evolène. Dans le joyeux bazar du Mardi gras, elles chassent les frimas en faisant sonner des cloches de vaches. Quant aux « empaillés », ils sortent pour le dernier dimanche du carnaval. Ce sont des hommes masqués, emmitouflés dans une trentaine de kilos de paille fourrée dans une toile de jute. Des géants patibulaires qui vous font réviser le sens du mot épouvantail !

**« LA MONTAGNE EST UN CHEMIN VERS L'HOMME. »**

**GEORGES SONNIER**

# PHILTRE

## *d'amour*

Connaissez-vous la cupidone ? On dit que cette fleur bleu lavande, qui pousse au soleil des Alpes du Sud, servait autrefois à préparer des philtres d'amour et autres décoctions ensorcelantes. Qui la consomme est censé s'amouracher… Voilà pourquoi la *Catananche caerulea* a hérité de ce joli nom vernaculaire !

# CIMETIÈRE *des escargots*

ÉTRANGE CIMETIÈRE des éléphants paléolithique que la dalle aux ammonites de Digne-les-Bains… À l'époque où un océan recouvrait la région alpine, des centaines d'ammonites, sortes d'escargots aquatiques d'autrefois, sont venues finir leur course sur ce fond marin. Les scientifiques ne savent pas bien expliquer pourquoi, durant environ cent mille ans, des familles entières d'ammonites sont toutes venues mourir ici, mais le résultat est saisissant : plus de 1 500 escargots fossiles recouvrent la dalle ! Une curiosité géologique unique au monde.

# SPORT
## *ou pratique ?*

L'ALPINISME N'EST PAS UN SPORT, c'est une pratique : un ensemble de moyens mis en œuvre pour arriver là-haut en un seul morceau. C'est ce que vous diront les puristes, soucieux de ne pas « réduire le monde de l'altitude aux proportions d'un gymnase », comme l'écrit si bien Rébuffat. Mais l'honnêteté oblige à avouer que l'alpinisme est tout de même un ensemble de techniques à maîtriser pour ne pas ajouter son nom à la longue liste des comètes fauchées en pleine ascension.

L'alpiniste connaît par exemple la traversée de glacier, en faisant fi des crevasses et des traîtres ponts de neige qui les dissimulent, l'escalade sur rocher dans différents niveaux de difficulté, la marche en arête pour jouer au funambule sur les sommets, ou encore le ski de randonnée, avec peaux de phoque à la montée et conversions acrobatiques dans les pentes raides. Alors, sport ou pratique ?

# SALE

## *caractère*

Gaston Rébuffat disait de l'aiguille Verte, l'un des sommets les plus ardus et techniques du massif du Mont-Blanc : « Avant la Verte, on est alpiniste ; à la Verte, on devient montagnard. » Que faudrait-il alors dire d'Armand Charlet (1900-1975), né et mort à Argentière, immense guide qui a accompli cent fois l'ascension de la Verte par différentes voies ? Héros du film de Marcel Ichac *À l'assaut des aiguilles du Diable*, Charlet est aussi connu pour sa virtuosité que pour son sale caractère. Un client dépassé par la difficulté d'une course et qui se faisait enguirlander par Charlet se rebiffe et lui dit : « Monsieur Charlet, si j'étais guide, je ne serais pas avec vous ! » Ce à quoi Charlet répondit : « Monsieur, si je n'étais pas guide, je ne serais pas avec vous ! »

# TOURELLE
## *et bulbe d'oignon*

Les bulbes d'oignon qui coiffent les églises savoyardes ont originellement germé dans les contrées germaniques à l'heure du baroque, dans le Tyrol et en Haute-Bavière. Les pérégrinations des artisans itinérants franchissant les cols pour diffuser leur savoir-faire et gagner leur pain les ont transplantés chez nous, en pays de Savoie, où la Contre-Réforme fait fleurir retables et dorures.

Mais il est une autre tradition architecturale que nous n'avons pas importée. La maison typique du Tyrol et de Haute-Bavière s'illustre non seulement par la beauté de ses boiseries sculptées, mais aussi par son *Glockenturm*, petite tourelle qui porte le carillon et avec lequel on appelle à table les bergers disséminés sur l'alpage…

◁◁ *L'église de Hauteluce (73).*
▷ *et* ▽ *Le* Glockenturm *typique du Tyrol.*

# TRIGLAV

## *le mythe slovène*

Avec ses 2 864 m, le Triglav, point culminant des Alpes juliennes et plus haut sommet de Slovénie, ne dépasse même pas la barre symbolique des 3 000... Son ascension est pourtant une véritable course d'alpinisme, ardue et vertigineuse, et sa conquête en 1778 fut un véritable exploit. Huit ans avant la première victoire sur le mont Blanc, elle signifie le début de la course vers les sommets en Europe !

Les « quatre braves », un alpiniste autrichien et ses trois guides slovènes, sont immortalisés par une statue sur les rives du lac de Bohinj, pointant vers la montagne calcaire dont le nom signifie « Trois têtes ». Pour les Slovènes d'autrefois, le Triglav abritait en effet une divinité à trois têtes régnant à la fois sur le ciel, la terre et les enfers.

Aujourd'hui encore, tout Slovène se doit d'accomplir au moins une fois dans sa vie l'ascension du Triglav, et de saluer l'étrange refuge placé au sommet : la tour d'Aljaž. Ce bâtiment cylindrique en forme de fusée et entièrement en métal a été conçu par un prêtre du village de Dovje, Jakob Aljaž, et inauguré en 1895.

« Au-dessus de moi s'élèvent les Alpes, ces palais de la nature, dont les murailles immenses portent les cimes neigeuses dans les nuages. Là, sous les voûtes de glace d'une inaltérable sublimité, réside l'Éternité. L'avalanche, cette foudre de neige, y prend naissance et s'y abat. Tout ce qui agrandit et frappe en même temps l'âme est réuni sur ces sommets. »

Lord Byron

# Sous les voûtes de glace d'une inaltérable sublimité

# 1492
## année des conquêtes

1492 NE FUT PAS SEULEMENT l'année où Christophe Colomb accosta aux Amériques, ce fut aussi celle où Antoine de Ville foula le mont Aiguille pour y planter le drapeau du roi de France, Charles VIII. Ce fut la première conquête d'un sommet par les hommes en Europe, et bien la naissance de ce que nous appelons l'alpinisme.

À l'est du Vercors, dans le Trièves, le mont Aiguille est un magnifique sommet emblématique du Dauphiné, en forme de table bordée de hautes parois lisses. Il fut longtemps qualifié de mont inaccessible, et de nombreuses légendes médiévales entouraient la plaine sommitale où nul n'avait jamais posé le pied : bouche des enfers ou jardin d'Éden retrouvé ?

Soucieux d'asseoir son autorité sur l'ensemble du territoire de son royaume, Charles VIII dépêcha le chevalier lorrain Antoine de Ville. Celui-ci constitua un véritable commando pour mener à bien sa mission impossible, avec notamment un « échelleur », fabriquant d'échelles, pour aider à hisser la caravane vers les cimes. Arrivé au sommet après de grands périls, Antoine de Ville constate qu'il n'y a là qu'un troupeau de chamois, plante un drapeau et une croix, et redescend sain et sauf. Personne ne renouvellera l'ascension du mont Aiguille avant le XIX$^{e}$ siècle.

# LE MIRACLE *des cochons*

D'UNE MONTAGNE à l'autre, de la Thébaïde égyptienne au Vercors isérois, saint Antoine le Grand était un saint des cimes. Les reliques de cet ermite du IIIe siècle, qui s'isola sur les sommets désolés du désert égyptien, furent transportées dans le Dauphiné autour de l'an 1000. La sublime église qui les abrite prit le nom de son saint patron, et Saint-Antoine-l'Abbaye, aujourd'hui classé parmi les plus beaux villages de France, devint un lieu de pèlerinage renommé.

On attribuait à saint Antoine la faculté de guérir du « mal des ardents », une affection effroyable qui plongeait les malades dans des fièvres et délires spectaculaires (on pense aux tableaux de Jérome Bosch, inspirés par ces spectacles dantesques). Il semblerait qu'en effet, les victimes se remettaient auprès de saint Antoine, mais il n'est pas certain que l'intercession du saint soit en cause. Le mal des ardents était causé par l'ergot de seigle, un champignon se cachant dans le pain. Et à Saint-Antoine-l'Abbaye, on servait aux patients non pas des baguettes, mais de la soupe au porc ! Manger moins de pain et plus de cochon leur aurait permis de guérir...

# INVENTION
## *de la tartiflette*

La tartiflette, un plat ancestral savoyard ? Vous allez être déçu : la recette a été inventée dans les années 1980 par un restaurateur de La Clusaz qui avait des stocks de reblochon à écouler. Il s'appuie sur des recettes historiques – la pela des Aravis, la reblochonnade –, ajoute lardons et vin blanc, et invente de toutes pièces le nom de tartiflette, à partir du savoyard *tartifle* (la pomme de terre en langue locale). Le succès est immense et la tartiflette devient le plat national de la Haute-Savoie, qui est traditionnellement une terre de reblochon – en Savoie, c'est le beaufort, et cette ségrégation fromagère est peut-être la seule vraie différence entre Savoie et Haute-Savoie.

# 340 M

C'est la hauteur en mètres des cascades de Krimml, au cœur des Alpes autrichiennes : les plus hautes cascades d'Europe.

# MAISONS *résistantes*

Bardées de bois, remplies de foin, les maisons des Alpes ont rarement traversé les siècles sans être ravagées par l'incendie. Mais quelques vieilles dames ont résisté aux outrages du temps et des flammes.

À Saint-Véran, dans le Queyras (Hautes-Alpes), classé parmi les plus beaux villages de France, les maisons les plus anciennes datent du XVIe siècle. La maison, avec sa fondation de pierre et ses étages en bois de mélèze, la *fuste*, grange de bois où on faisait sécher le foin, et le *caset*, petite aile d'habitation supplémentaire en pierre et en lauze, y sont emblématiques de l'architecture haute-alpine.

À Chanaz, en Savoie, c'est une bâtisse de pierre qui a survécu aux ravages du temps : la maison forte de Chanaz, avec son épaisse architecture minérale typique, a conservé quelques éléments de sa première construction du XIIIe siècle.

À Grimentz, dans le Val d'Anniviers (Valais suisse), fait rare, des chalets et des *raccards* (greniers à provision montés sur pilotis) entièrement de bois datant du XIIe siècle ont pu être préservés. Des étages supérieurs ont été ajoutés au fil du temps, et certaines maisons ont plusieurs siècles d'écart entre rez-de-chaussée et étages supérieurs.

À Saint-Martin-de-Belleville, en Savoie, les habitants ont vécu jusqu'au début des années 1960 à la manière traditionnelle, sans électricité et réchauffés par les bêtes vivant dans la même pièce que les hommes. C'est le « plan neige » et la construction des stations de ski qui a catapulté le village dans la modernité, apportant d'un seul tenant électricité et remontées. Une maison ancienne des années 1950 a été conservée « dans son jus » et permet de comprendre cette vie ancestrale où les vaches sont vos voisines de lit. De nombreuses maisons du village baroque ont gardé leur *grillat*, un crépi épais traditionnel, et leurs *solarets*, des balcons de bois où on faisait sécher foin et aliments.

△ *Maisons typiques à Saint-Véran (05).*

▷▷ *Les chalets de Grimentz (Suisse).*

# CROIX
## *sommitales*

En les coiffant d'une croix, de nombreux sommets sont devenus clochers. On pense à la croix de Belledonne dans le massif du même nom, la croix de l'Alpe et la croix du Grand Som en Chartreuse, la croix de Fer à Saint-Sorlin-d'Arves, la croix du Môle dans le massif des Brasses, la croix de Chamrousse au-dessus de Grenoble... et des dizaines d'autres, tant elles se sont multipliées dans le courant XIX^e^ siècle et jusqu'à la Seconde Guerre mondiale.

▷ *Le col de la Croix-de-Fer (73).*

▷▷ *La croix du Nivolet (73).*

Mais la plus célèbre est sans doute celle que longent chaque jour des milliers d'automobilistes : la croix du Nivolet, dans les Bauges, qui surplombe la ville de Chambéry et qu'il est impossible de rater quand on emprunte l'autoroute. Mieux qu'un Saint-Christophe au volant, une bénédiction alpine XXL !

# PREMIÈRE *compagnie de guides au monde*

Dans les années 1800, les « glacières de Chamouni » sont à la mode parmi les élites européennes. Nombreux sont les jeunes chamoniards qui s'improvisent guides et emmènent la bonne société fortunée faire une petite virée sur le glacier. Cela manque souvent de mal tourner. Victor Hugo, notre trésor national, a ainsi failli finir dans la bouche béante de la mer de Glace avec un jeune guide autoproclamé.

Et parfois, cela tourne très, très mal. À l'été 1820 se met en branle la caravane Hamel, qui souhaite atteindre le sommet du mont Blanc avec un incroyable barda de matériel scientifique et incongruités diverses. Ils sont une douzaine, clients et guides. Malgré les avertissements des jeunes guides chamoniards, qui sentent bien que la couche de neige est instable et qu'il faudrait renoncer, Hamel presse à poursuivre. L'avalanche se déclenche et emporte toute la troupe. Trois guides ne se relèveront jamais du piège blanc : Pierre Carrier, Pierre Balmat et Auguste Tairraz, qui reposent au cimetière du Biollay. Ce sont les premiers morts du mont Blanc.

L'accident de la caravane Hamel est décisif. Il est désormais temps de mieux encadrer les ascensions en montagne. C'est en 1821 qu'est créée la Compagnie des guides de Chamonix, officiellement reconnue par le roi de Sardaigne, sous l'autorité duquel se tenait alors la Savoie. Elle restera la seule compagnie de guides au monde jusqu'en 1850, date de la création de la société des guides de Courmayeur.

Aujourd'hui encore, tout Français qui souhaite devenir guide de haute montagne, moniteur de ski ou secouriste en montagne doit nécessairement passer par l'ENSA (École nationale de ski et d'alpinisme), implantée à Chamonix depuis 1946.

# PASTORALISME

Dans les langues européennes, l'alpe, c'est avant tout l'alpage, ou pâturage d'altitude, cet espace entre 1 400 et 2 800 m où pousse l'herbe drue et où les troupeaux passent l'été. La vie des Alpes est rythmée par les grandes transhumances. En Savoie, les troupeaux montent par étapes au printemps : c'est la *remue*, puis l'*enmontagnée*, avec une halte aux *montagnettes*, ces chalets d'alpage à mi-hauteur. Puis en septembre, c'est la *désalpe*, dans le tintement des clarines et des carrons...

# LA SOURCE
## commune des dorons

DANS LA LANGUE savoyarde, un doron est un cours d'eau. On retrouve ce mot dans de nombreux toponymes en pays de Savoie, notamment dans le Beaufortain. Mais en vérité, le doron se cache dans de nombreux autres fleuves et rivières des Alpes. L'origine du mot est gauloise, *dubro*, et a donné son nom à la Drôme, la Durance, le Drac et la Doire baltée...

▽ *Torrent dans le parc de la Vanoise (73).*

# « LA VALLÉE DE CHAMONIX EST UN TEMPLE. »

VICTOR HUGO

# CHOURUMS *mystérieux*

Le mot chourum vient-il de l'arabe, suite aux conquêtes mauresques dans la région, ou du patois local ? Toujours est-il qu'il désigne une particularité géologique propre au Dévoluy : de profonds trous creusés dans le sol par l'érosion, qui s'ouvrent sur les profondeurs et font plonger l'eau de pluie dans les méandres souterrains, au lieu de les garder en surface. Pas de lacs dans le Dévoluy, tout semble aride et sec, mais sous la terre, un immense réseau aquatique demeuré mystérieux tisse sa toile. On n'a ainsi toujours pas trouvé le collecteur (le bassin dans lequel les eaux se rassemblent) de la source des Gillardes, la deuxième exsurgence de France en débit après celle de Fontaine-de-Vaucluse.

Les chourums sont traîtres – recouverts de neige en hiver, ils ont plusieurs fois été fatals aux skieurs et aux randonneurs – et fascinants. Le plus important est profond d'1 km et fait le bonheur des spéléologues. Le plus spectaculaire est le chourum Olympique, qui traverse de part en part le Grand Ferrand, et que les meilleurs skieurs dévalent parfois quand la neige est abondante : vous fusez à travers la montagne dans un boyau si étroit et si raide que tout virage est impossible, telle une bille lancée dans un trou… Paradis de la spéléologie, le Dévoluy abrite également la première « via souterrata » au monde : une via ferrata version cavernicole, avec combinaison intégrale, lampe frontale puissante, et sans peur du noir si possible !

▷ *Chourum des Adroits, Dévoluy (05).*

# DIRECTISSIME

Lorsque les alpinistes eurent conquis tous les sommets des Alpes, ils se mirent à chercher les voies les plus difficiles, les lignes les plus prestigieuses. Au lieu de chercher à contourner les difficultés en zigzaguant vers le sommet, on recherche la ligne directe, voire la directissime : la verticale parfaite. La face nord des Grandes Jorasses, cette crête énorme qui sépare la France de l'Italie dans le massif du Mont-Blanc, et ses 1 200 m de granit abrupt se prête bien à ces quêtes mémorables.

À l'hiver 1971, René Desmaison passe près de quinze jours bloqué sur la paroi et perd son compagnon de cordée, Serge Gousseault, après une tentative de sauvetage avorté : le pilote de l'hélicoptère ne comprend pas les signes de détresse et croit que les deux hommes refusent le sauvetage. Dans *342 heures dans les Grandes Jorasses*, Desmaison raconte la désorganisation des secours, les refus de survol, les interdits incompréhensibles, persuadé qu'on a volontairement tenté de le laisser, lui aussi, mourir là-haut.

La recherche de directissimes dans la falaise mythique a pourtant continué. En 2008, la « machine suisse » Ueli Steck réalise un record inégalé, avec 2 h 21 d'ascension là où de bons alpinistes y passent deux jours. En janvier 2022, Charles Dubouloz passe six jours et cinq nuits en solitaire dans cette face nord qui ne voit jamais le soleil en hiver, avec 35 kg de matériel, et réussit en solitaire la voie Rolling Stone.

Mais à côté de ces exploits, des alpinistes décèdent chaque année ou presque lors de tentatives solitaires. De la cime à l'abîme, le chemin est direct… Gaston Rébuffat écrit ainsi dans *Étoile et tempêtes* : « À midi du troisième jour, franchissant la corniche terminale, nous débouchons au sommet des Grandes Jorasses, à la pointe Walker. Ainsi, des rêves naissent les grandes joies de notre vie. Mais, des rêves, il en faut toujours. Je les préfère aux souvenirs. »

# CHAPELLES
## *pour bébés morts*

DURANT DES SIÈCLES, l'Église catholique condamnait les bébés morts sans baptême à une éternité d'errance dans les limbes, un lieu de néant et d'absence divine, ni paradis ni enfer. La perspective de ce terrible destin a favorisé l'émergence d'une pratique étrange et morbide : les sanctuaires à répit, où les bébés reviendraient à la vie le temps d'une « suscitation » (résurrection très brève) qui leur permettrait de recevoir le baptême. Des parents endeuillés ont ainsi parcouru des kilomètres à travers les montagnes avec leur enfant mort, afin d'atteindre ces églises particulières... Parmi les plus célèbres sanctuaires à répit, on peut citer Notre-Dame-de-la-Vie, sublime chapelle baroque surplombant Saint-Martin-de-Belleville, en Savoie, et Notre-Dame-de-Beauvoir, à Moustiers-Sainte-Marie, dans le Verdon. Quant aux limbes, elles ne furent officiellement abolies par le pape qu'en... 2007 ! Ouf, un peu de répit.

▽ *Chapelle Notre-Dame-de-la-Vie, à Saint-Martin-de-Belleville (73).*

# SANS PEUR
## *et sans reproche*

Le dernier des chevaliers français, celui qu'on nommait « sans peur et sans reproche », c'est Pierre Terrail de Bayard, chevalier dauphinois né à Pontcharra en 1476, et mort en 1524 dans le Piémont en héros des guerres d'Italie, aux côtés de François I^er^. Celui qui fut lieutenant général du Dauphiné mourut sur le champ de bataille, l'armure perforée par un projectile et la colonne brisée : une joie pour celui qui disait que « grande honte serait de mourir en fuyant ». Alors qu'il reposait à Saint-Martin-d'Hères, en Isère, sa sépulture fut profanée sous la Révolution française. En 1822, ses restes présumés furent transportés dans la collégiale Saint-André, au cœur de Grenoble, à côté de l'ancien parlement du Dauphiné. Mais il s'agissait en vérité des ossements d'une jeune fille... Dans une véritable chasse au trésor de catacombes, de nombreux passionnés se mirent en quête des véritables restes du chevalier. Après plusieurs expéditions funéraires, un crâne semblant correspondre aux critères fut retrouvé. Et grâce à des prélèvements ADN effectués sur un descendant du chevalier, que 25 générations séparent de son illustre ancêtre, le crâne put être authentifié : il s'agissait bien de la dépouille du grand guerrier dauphinois !

# OUVRIR *la forteresse*

Véritable forteresse minérale, le Vercors fut longtemps l'un des territoires les plus isolés et miséreux des Alpes, tant ses vallées étaient coupées les unes des autres, ainsi que du reste du pays, par d'infranchissables barrières rocheuses. Travail titanesque et dangereux, la construction des routes du Vercors dura près d'un siècle (1827-1914) et fut l'un des plus grands défis d'aménagement du territoire alpin. Ainsi, pour réaliser la mythique route des Grands Goulets (1843-1851), un ouvrier devait se suspendre à une corde, se lancer dans le vide, déposer de la dynamite dans une aspérité de la paroi, puis se jeter dans l'autre sens pour s'éloigner au plus vite du site de l'explosion. Ensuite seulement, les autres pouvaient continuer à creuser la brèche. Les coûts ne cessèrent d'augmenter, des impôts extraordinaires furent votés, et plusieurs entrepreneurs renoncèrent au projet, tant les difficultés semblaient insurmontables. Malgré cela, la route des Grands Goulets et de Combe Laval comptent aujourd'hui parmi les plus belles de France, et sont la grande passion des motards !

# GUIDE
## *prudent*

« Ça passe, mais moi, je ne passe pas ! » Melchior Anderegg (1828-1914), guide suisse surnommé le roi des guides, réputé pour sa prudence. Il fut l'un des tout premiers à ordonner à ses clients de faire demi-tour en cas de conditions trop difficiles, ce qui lui valut d'être l'un des rares guides de l'époque à n'en tuer aucun, et de mourir lui-même dans son lit à un âge vénérable. Ce qui ne l'empêcha pas de réussir de nombreuses premières, notamment la pointe Walker des Grandes Jorasses, la Dent d'Hérens, ou reine du Valais, et le Zinalrothorn.

« Vu de loin, le Cervin apparaît incassable dans sa sobriété et sa rigidité de pyramide. Il semble que les vents, plutôt que de l'user ou de le faire basculer, l'aiguisent. Mais, le gravissant, on ne comprend pas que ce tas de cailloux soudés par la glace ait tant d'élan. Rien ne se tient. Immenses feuillets posés les uns sur les autres comme de vertigineuses piles d'assiettes. Tout est suspendu et la vie même semble être un sursis. »

Gaston Rébuffat

# PÉNITENTS *encapuchonnés*

AU-DESSUS DU LIT caillouteux de la Durance et adossé aux premiers contreforts des Alpes, le village des Mées est réputé pour les formations rocheuses étranges qui le surplombent, appelées les pénitents. Des monolithes de près d'une centaine de mètres de hauteur, aux formes érodées évoquant une procession de moines repentants, semblent veiller sur les maisons.

Derrière ces colosses de poudingue, une légende croustillante… Elle remonterait au temps des croisades, et raconte l'histoire d'un seigneur en guerre contre les Sarrasins, qui découvre un groupe de jeunes femmes maures dont la beauté et la détresse l'émeuvent. Il leur offre refuge dans son château, où des moines tombent à leur tour sous le charme de leurs beaux yeux… Ciel, leurs vœux monastiques de célibat et de chasteté sont en danger ! Saint Donat, l'ermite de Lure, choisit alors de les pétrifier afin de les préserver de la tentation. Radical, mais pérenne : c'est ce défilé de moines amoureux, figés à tout jamais dans leur bure, qui jette son ombre sur les Mées.

# PANORAMA
## *et plan de station*

CHAUSSURES SERRÉES, skis chaussés, vous êtes prêts au planté de bâton. Dans la poche de votre veste, votre forfait, mais aussi, et surtout... le plan de station ! Indispensable viatique des skieurs égarés, sauf-conduit dans le dédale des remontées, le plan de station français fut l'œuvre d'un seul atelier : celui de Pierre Novat, pendant 35 ans le seul et unique panoramiste de montagne de France.

C'est dans les années 1960 que Novat invente pour Val d'Isère et Courchevel le modèle de plan de station qui s'imposera comme la référence. Par des survols en hélicoptère et de nombreuses descentes à ski, il dessine un paysage qui s'affranchit de la réalité topologique, qui aplanit les montagnes pour rendre visible toutes les pentes simultanément, ne respecte pas les échelles et les dénivelés, déforme les reliefs, mais permet d'embrasser d'un seul coup d'œil l'ensemble du domaine et de retranscrire l'expérience vécue par le skieur. Dans le monde magique de Pierre Novat, les sapins sont toujours enneigés, les ciels bleus, et le mont Blanc se devine au loin : le roi des Alpes apparaît à l'horizon sur tous les plans de station français, car le touriste avide de neige le cherchera toujours du regard...

# BARRAGES *incroyables*

TOUT AU LONG de la chaîne alpine, l'hydroélectricité est capitale pour l'approvisionnement des villes et des vallées, et ce depuis la Seconde Guerre mondiale. Le barrage de Grande Dixence, dans le Valais suisse, est le plus haut barrage-poids au monde : 285 m de hauteur de mur, 400 millions de mètres cubes d'eau.

En France, les premières usines hydroélectriques furent installées sur l'Arve, et c'est ainsi qu'en 1885, La Roche-sur-Foron, en Haute-Savoie, fut la première ville du pays à bénéficier de l'éclairage public à l'électricité.

▽ *Le barrage de Roselend (73).*

◁◁ *Le barrage de Grande Dixence (Suisse) est le plus grand des Alpes.*

▷▷ *Le val Ferret, dans la Vallée d'Aoste (Italie).*

# COUSINS *francophones*

La plus petite région italienne, la Vallée d'Aoste, ne se contente pas de posséder un statut autonome, une altitude moyenne de 2 100 m, plusieurs 4 000, dont les versants italiens du mont Blanc et du Cervin, ainsi que la délicieuse *fontina*, sorte de fromage de raclette valdôtain. Elle est aussi la seule région à avoir inscrit le français en seconde langue officielle, au même titre que l'italien !

Longtemps dans l'escarcelle des ducs de Savoie et du royaume de Piémont-Sardaigne, la Vallée d'Aoste est historiquement francophone, tout comme nos pays de Savoie et Nice, devenus français en 1860. Son statut fut longtemps source de tension entre la France et l'Italie. Soutenus en sous-main par des agents gaullistes, des mouvements valdôtains francophiles réclamèrent à la fin de la Seconde Guerre mondiale un référendum, qui aurait probablement cédé la vallée à la France. L'organisation d'un tel vote fut âprement rejetée par l'État italien, qui y vit un coup de force français. Soucieux de ne pas perturber davantage le fragile équilibre européen d'après-guerre, De Gaulle renonça à la Vallée d'Aoste, qui restera italienne, mais avec un statut spécial d'autonomie.

Nous avons ainsi perdu l'occasion de récupérer le jambon de bosses, le lard d'Arnad, la *motsetta*, les plus hauts vignobles d'Europe, la ricotta de chèvre, et bien sûr la *fontina*. Heureusement, ils nous attendent juste de l'autre côté du tunnel du mont Blanc, dès l'arrivée à Courmayeur…

# ÊTRE
## à la ramasse

EN HIVER, les *fenatsus* savoyards venaient descendre le foin selon une technique impressionnante appelée la *ramasse* : de 200 à 300 kg de foin sont placés sur des cordes, puis serrés en une énorme botte ronde et mis sur un traîneau, ou carret. Les courageux fenatsus, dont l'aisance technique n'a d'égal que le courage physique, vont descendre le foin vers la vallée en guidant et freinant le traîneau, une véritable épreuve de force et d'agilité. La pratique était courante en Vanoise, en Maurienne et dans le Beaufortain. Le film *Le couloir du foin* montre toute la beauté et la difficulté de cette pratique, qui a perduré jusque dans les années 1980. Cette gravure du XVIIIe siècle montre comment la ramasse des foins a signifié le début du tourisme de montagne au mont Cenis : après les ballots, on s'est mis à descendre ainsi les voyageurs !

# MILKA *express*

JUSQUE DANS LES ANNÉES 1990, il y eut à La Ramaz, l'un des hameaux de Praz de Lys Sommand, en Haute-Savoie, un lactoduc, ou pipeline du lait, descendant directement de l'alpage de La Charmette jusque dans la vallée du Giffre. À heure convenue, les bergers préposés à la traite envoyaient le lait dans le tuyau pour une descente en toboggan digne d'un Grand Huit olympique. En bas, on plaçait de vastes cuves pour réceptionner la cargaison (et en faire du reblochon). L'histoire ne dit pas si la tartiflette en devient plus aérienne et légère…

# ÉTOILES *de la Terre*

DANS LA RÉGION de Digne-les-Bains, on porte un bijou rare et emblématique : l'étoile de Saint-Vincent. Appelée pentacrine, cette étoile minérale est en vérité un animal fossile de la famille des crinoïdes, comme les oursins et les anémones. Il s'agit du vestige pétrifié de la partie centrale de l'animal, sa colonne vertébrale et son orifice buccal. Le sol de Digne en regorgeait, poussant les joailliers de la région à sertir d'or ou d'argent cette étoile de la terre. Les pentacrines sont aujourd'hui protégées et leur collecte est interdite, mais plusieurs bijoutiers travaillent avec des stocks anciens, permettant aux Dignois de continuer à se consteller d'étoiles…

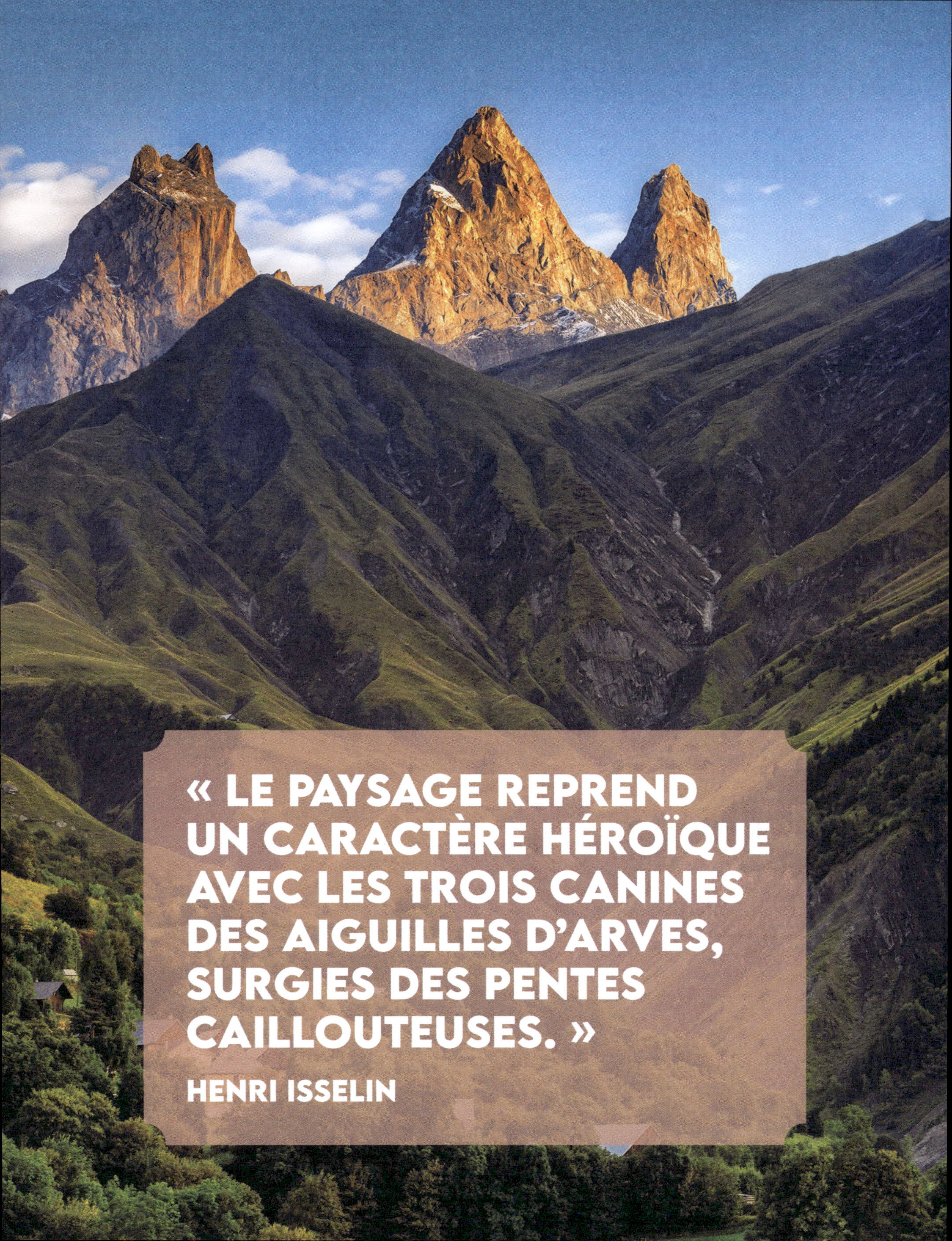

**« LE PAYSAGE REPREND UN CARACTÈRE HÉROÏQUE AVEC LES TROIS CANINES DES AIGUILLES D'ARVES, SURGIES DES PENTES CAILLOUTEUSES. »**

**HENRI ISSELIN**

# STATION *fantôme*

Entre Bramant (Savoie) et Bardonecchia (Italie) a existé au col du Sommelier une station de ski incongrue qui ne fonctionnait qu'en été, à plus de 3 000 m d'altitude sur le glacier. Imaginée en 1958 par un moniteur de ski italien, elle fut la plus haute station de ski d'Europe. Chaque début d'été, les ouvriers devaient déblayer des mètres et des mètres de neige pour retrouver les infrastructures ensevelies sous le manteau blanc. Nécessitant un entretien herculéen, elle eut pourtant beaucoup de succès : l'expérience était inouïe et la vue, imprenable. Mais elle ne fonctionna qu'une vingtaine d'années. Dévastée par des avalanches successives, rendue inopérante par le recul du glacier, elle cessa d'ouvrir au début des années 1980.

# LA FIANCÉE
## *du mont Blanc*

HENRIETTE D'ANGEVILLE ne fut pas la première femme au sommet du mont Blanc : cet honneur revient à Marie Paradis, en juillet 1808. Mais l'humble servante d'auberge chamoniarde ne savait ni lire ni écrire, et pêcha par modestie, racontant avoir été « tirée, traînée et portée » au sommet. Son ascension ne fut pas auréolée de la même gloire, et le titre de première femme alpiniste revient plutôt à l'intrépide aristocrate Henriette d'Angeville, qui parvint au sommet début septembre 1838. « Vouloir, c'est pouvoir », telle était sa devise. Cette native de l'Ain avait grandi en voyant au loin les cimes du toit de l'Europe, ne rêvant que de sa conquête. Elle s'y était soigneusement préparée, car « on ne va pas à la cour du roi des Alpes en robe de soie et en bonnet de gaze, cette visite exige un costume plus sévère ». Lorsqu'elle demanda à être conduite au sommet par les guides de Chamonix, sa requête fit grand bruit, et l'ascension fut observée à la jumelle depuis la vallée. Épuisée par une course difficile, elle avait ordonné à ses guides : « Si je meurs avant d'atteindre la cime, promettez-moi d'y porter mon corps, et de l'y laisser ! » Mais elle l'atteignit vivante, et fut surnommée la « fiancée du mont Blanc », ou encore la « reine des Alpes ».

# SURVIVANTS *glaciaires*

Les mouflons ont un look d'enfer, avec leurs cornes latérales façon coiffure à la princesse Léia. Mais ils ne se contentent pas d'avoir une dégaine à la Star Wars ! Ils sont les miraculés de la dernière ère glaciaire. Lors de la grande glaciation qui a réfrigéré toute l'Europe, des dizaines d'espèces sont mortes, dont ce sympathique Ovidé, qui n'a survécu qu'en Corse et en Sardaigne. Il a été réintroduit dans les Alpes à partir du XVIII$^{e}$ siècle, principalement afin de pouvoir le chasser. Le mouflon s'y est plu, notamment dans les Bauges, où les randonneurs peuvent facilement aller lui conter fleurette.

Peu farouche et enclin à rechercher de la compagnie frisée, il peut se reproduire avec le mouton domestique, surtout s'il lui apporte des chocolats aux pâquerettes en bordure des pâtures... Il semblerait hélas que le bébé hybride né de leurs amours illicites se nomme tout simplement « agneau », et que le joli nom de « moutonflon » n'existe que dans l'imagination de l'autrice !

# GUERRE
## *des ravioles*

Qui, du Royans ou du Champsaur, possède les meilleurs ravioles des Alpes françaises ? Le mot est le même, mais les deux spécialités sont très différentes. Au sud-ouest du Vercors, entre Drôme et Isère, le pays de Romans-sur-Isère est le berceau des ravioles dites du Royans, ou du Dauphiné : des petits coussinets de pâte fine, fourrés au fromage frais, au chèvre, au bleu de Sassenage ou encore aux truffes (on sait être créatifs). Côté Hautes-Alpes, les ravioles du Champsaur sont des quenelles de pomme de terre frites à l'huile et toutes dorées. Ce qui ressemble le plus aux ravioles du Royans dans le Champsaur, ce ne sont donc pas les ravioles locales (il faut suivre), mais les tourtons, qui sont de gros coussins, que dis-je, des édredons fourrés à la purée de pommes de terre et au fromage. Servis à Noël, on les surnommait « coussins du petit Jésus ». Tout un programme !

# STATIONS *transfrontalières*

Franchir une frontière à ski ? C'est possible dans trois stations des Alpes françaises. L'immense domaine skiable des Portes du Soleil comprend douze stations françaises et suisses, dont Morzine, Avoriaz, Châtel, Champéry… On murmure que certains exilés fiscaux voulant échapper aux douanes auraient dévalé les pistes avec des sacs à dos bourrés de gros billets – l'histoire ne dit pas si un tel matelas amortit bien en cas de chute sur le Mur suisse, l'une des pistes noires les plus vertigineuses d'Europe, avec 37 degrés de pente moyenne, mais des pointes à 90 % de pente sur la première moitié !

Deux stations permettent de faire une virée en Italie entre deux téléskis. À La Rosière, l'espace San Bernardo propose un ski transfrontalier entre Tarentaise et Vallée d'Aoste. L'ensemble du domaine skiable est franco-italien.

Et à Montgenèvre, dans les Hautes-Alpes, on accède à cinq stations italiennes dans l'espace Voie lactée, nom qui donne irrésistiblement envie de plonger ses spatules dans la poudreuse et sa cuiller dans un tiramisu onctueux.

△ *L'espace Voie lactée, à Montgenèvre (05).*

◁◁ *Domaine skiable des Portes du Soleil, près de Morzine (74).*

# LE ROI
## *des Alpes du Sud*

À L'AUTOMNE, les Alpes du Sud, du Queyras à l'Embrunais, de l'Ubaye à la Vallée d'Aoste, se couvrent d'un roux flamboyant. Cet incendie poétique est dû à l'arbre qui y règne en maître, le mélèze. Dans le monde des conifères, le mélèze est une créature étrange. Il est l'un des seuls à perdre intégralement ses feuilles l'hiver, dénudant les forêts lumineuses du Midi alpin. Au printemps, ses aiguilles toutes neuves sont tendres comme du gazon, et ses branches se couvrent de fleurs roses ressemblant un peu à des pitayas miniatures. À l'automne, c'est le feu d'artifice avant la chute, et les forêts se changent en camaïeu d'or et de roux. Après « À l'aise Breizh », on vous propose la version alpine « À l'aise dans les mélèzes »...

# POINT *stratégique*

TENEZ-VOUS-LE pour dit, lecteur désireux de dévorer l'intégralité des 620 km de pistes des Trois Vallées en quelques jours : tout autre lieu d'hébergement que Méribel est suicidaire. Si vous comptez, par exemple, aller skier à Val Thorens en dormant à Courchevel, soit du côté diamétralement opposé des Trois Vallées, attendez-vous à rater l'heure de fermeture de la télécabine, dormir sur un télésiège comme J.-C. Dusse, ou encore enrichir considérablement les chauffeurs de taxi avec un trajet retour de plusieurs heures à travers la jungle tarentaise enneigée, louper la croziflette et arriver au bar à 22 h pour tenir compagnie aux derniers Anglais éméchés. Méribel a beau ne pas exister pour les GPS, elle est belle, centrale, et elle vous sauvera la vie.

# NICE
## *plage des Alpes*

NISSA LA BELLA, c'est le mariage divin des Alpes et de la mer. Nice la radieuse, l'azurée, est étonnamment escarpée et montagnarde. Depuis la colline du Château, il suffit de faire le tour de soi-même pour passer des sommets enneigés des Alpes si proches aux eaux chaudes de la Méditerranée, où le soleil décuple toutes les nuances de bleu. À la latitude de Florence, dans un climat qui ne connaît pas d'hiver, on voit miroiter les grandes faces blanches des sommets du Mercantour.

Petit secret : la plus belle vue sur les Alpes à Nice se trouve au cimetière du Château, rempli d'artistes, de poètes, de peintres et de sculpteurs nés ailleurs et venus mourir ici, reposant sous des tombes à la hauteur de leur génie, puisque Nice est une ville si belle qu'on ne veut jamais la quitter vivant...

# PARAPENTE
## *les spots alpins de rêve*

– Le plus iconique : le col de la Forclaz, au-dessus du lac d'Annecy. En s'élevant au-dessus du lac turquoise et sous les pics de la Tournette, on se croirait à Bora-Bora.
– Le plus technique : mythique parmi les aficionados de parapente, le plateau des Petites Roches, en Chartreuse. Sa géographie très particulière lui vaut d'accueillir chaque année la coupe Icare.
– Le plus fou : le sommet du mont Blanc ! Par certaines conditions exceptionnelles, il arrive que des parapentistes chevronnés parviennent à se poser au sommet du mont Blanc, à 4 807 m, et surtout à en redécoller – ce qui n'est pas une mince affaire dans l'air raréfié des cimes. Toujours un exploit...

△ *Le spot du plateau des Petites Roches, en Chartreuse (38).*

▷▷ *Parapente au-dessus du lac d'Annecy, spot du col de la Forclaz (74).*

# MISE
## *en perspective*

« Pour quelques alpinistes, la véritable montagne n'existe qu'à partir d'une certaine hauteur, et ils se livrent à la chasse systématique de ces hauts sommets. Ce nombre est auréolé de prestige et je me souviens de mon premier “4 000”, qui était la dent du Géant (4 013 m). Pour huit mètres seulement, j'avais eu l'impression de recevoir une sorte de consécration, d'être enfin un véritable alpiniste. L'homme aime bien les chiffres, qui mettent en valeur ses performances, ou qui le rassurent. Et pourtant, que veulent dire ces mètres ? Si le mètre étalon, déposé à Sèvres, avait été un peu plus long ou un peu plus court, que serait-il advenu de nos 4 000 m ? Et s'il y avait eu une centaine de sommets de 8 000 m, à la place des treize grands sommets reconnus actuellement, l'épopée himalayenne n'aurait pas eu une telle intensité. »

Michel Vaucher, grand alpiniste suisse, et l'un des héros du film *Les étoiles de midi*, de Marcel Ichac, avec Lionel Terray et René Desmaison. Un classique absolu du cinéma de montagne, sorti en 1959 et qui a bien vieilli.

# LA ROUTE des Grandes Alpes

« Ce sera la plus belle route de montagne du monde », prédisait Léon Auscher, du Touring club de France, en 1909. La route des Grandes Alpes traverse les Alpes françaises du nord au sud, fuyant les grands axes pour un véritable circuit de montagnes russes de Thonon-les-Bains à Nice. Parce que les liaisons ferroviaires étaient impossibles avec de tels dénivelés, et qu'établir une route continue dans les Alpes était aussi important pour le tourisme que pour l'armée, son tracé fut progressivement achevé au début du XX$^{e}$ siècle. Les tronçons manquants furent édifiés au prix d'impressionnants travaux, notamment la percée des gorges du Bachelard, dans les Alpes-de-Haute-Provence. Intégralement ouverte à la circulation de juin à septembre, la route des Grandes Alpes, c' est : 720 km ; 17 cols de montagne, dont le plus haut des Alpes, le col de l'Iseran (2 770 m) ; 17 000 m de dénivelé. « La route des escalades, des sites tragiques, des lacets obstinés », écrivait Antoine Borrel en 1930.

▽ et ▷ *Route du col de l'Iseran.* ▷▷ *Route du col de l'Izoard (2 360 m).*

# LA GRANDE CHARTREUSE

## ... et ses sosies

Nous sommes en 1084. L'évêque de Grenoble, saint Hugues, a une vision : sept hommes venaient le trouver et établissaient un lieu de prière et de recueillement au cœur des montagnes. Le lendemain, l'Allemand saint Bruno et ses six compagnons se présentent à lui. L'évêque y voit l'accomplissement de la prémonition. Il conduit les pèlerins là où il vit tomber les étoiles, au cœur du massif de la Chartreuse, dans un « désert » âpre, hostile et inhospitalier, au pied de la muraille du Grand Som, et très loin des demeures des hommes. La Grande Chartreuse vient de naître, l'un des ordres les plus mythiques et secrets du christianisme occidental.

Cela fait mille ans que les moines chartreux vivent de prière et de recueillement. Ils ne parlent pas, à l'exception d'une promenade, une fois par semaine, où le vœu de silence est rompu. Le monastère ne se visite pas et se protège du public derrière ses hauts murs.

Le succès de l'ordre des Chartreux a essaimé à travers les Alpes, et les architectes n'ont pas eu à chercher très loin l'inspiration divine : ils ont tout simplement répliqué la Grande Chartreuse dans différents massifs alpins. La copie la plus parfaite est Notre-Dame-du-Reposoir, appartenant aujourd'hui à l'ordre des Carmélites, nichée entre les chaînes des Aravis et du Bargy.

△ et ◁◁ *La Grande Chatreuse (38).*

▽ *Notre-Dame-du-Reposoire (74).*

# GRANIT ou calcaire ?

On le sait, les grimpeurs sont accros à la verticalité. D'immenses falaises raides et lisses comme un bloc de glace, où le moindre décrochage de piolet signifie une mort assurée ? C'est parti !

La plus haute falaise granitique de France : c'est la face nord des Grandes Jorasses, dans le massif du Mont-Blanc, à la frontière entre la vallée de Chamonix et la Vallée d'Aoste. 1 200 m de solitude absolue, sans vis-à-vis, car aucune vallée habitée n'est visible depuis sa paroi. Seulement une immensité de glace et de roc…

△ *Le grand canyon du Verdon.*

La plus haute falaise calcaire de France : c'est le grand canyon du Verdon, dardant ses 700 m de vide au-dessus de la rivière turquoise serpentant vers le lac de Sainte-Croix. Ici, les vautours tournoyants accompagnent les grimpeurs !

On doit aussi nommer, dans les Alpes du Nord, une autre falaise calcaire majeure qui se dresse au-dessus de l'autoroute de la Maurienne. Impossible de rater la grande face de la Croix-des-Têtes, à Saint-Jean-de-Maurienne : 600 m de vide abrupt !

# RECORD *vertical*

Avec ses 2 400 m de verticalité, la plus haute paroi des Alpes est la face est du Monte Rosa, la seule façade « himalayenne » du massif. Sa silhouette, son ampleur et sa morphologie évoquent d'ailleurs à nombre d'alpinistes des souvenirs népalais… À son pied, la falaise est italienne, prenant naissance dans le village piémontais de Macugnaga. Mais à sa cime, elle est suisse : la Dufourspitze, deuxième plus haut sommet des Alpes (4 634 m), est aussi le point culminant de l'état helvétique.

La plus haute paroi des Alpes orientales, à l'est du mont Blanc, est germanique. C'est celle du Watzmann, en Bavière, avec son impressionnante face orientale de 1 800 m.

▷▷ *La face est du Monte Rosa (Italie-Suisse).*

▽ *La face est du Watsmann (Allemagne).*

# PIN *iconique*

L'ARROLLE, ou pin cembro, est l'un des arbres emblématiques de nos Alpes. Il a donné son nom à Arolla, village bien connu du val d'Hérens, dans les Alpes suisses.

Tout comme le mélèze, il possède la particularité rare pour un conifère de se déplumer en hiver, et l'automne le change en torche rousse. En France, la plus grande forêt de pins cembros se cache dans la réserve naturelle du plan de Tuéda, à Méribel, et la plus haute est la cembraie de La Plagne, où on le trouve jusqu'à 2 500 m.

C'est un arolle qui détient le record de l'arbre situé à la plus haute altitude dans les massifs alpins : l'arolle solitaire de Saas Fee (Suisse) culmine sur une pente à 2 585 m. Capable de supporter des températures inférieures à – 40 °C, il est le seul à pouvoir monter si haut. Sa reproduction repose en partie sur les trous de mémoire d'un oiseau, le casse-noix moucheté, qui brise l'enveloppe de ses graines avant de les dissimuler sous la terre pour se constituer des réserves. Lorsqu'il oublie certaines de ses cachettes, les pins cembros germent…

# L'AIGLE du Grand Serre

C'EST UNE CURIOSITÉ qui ne cesse de fasciner les Isérois : aux premières chutes de neige, on voit nettement se dessiner sur la montagne du Grand Serre un aigle immense, parfaitement reconnaissable et semblant survoler les plaines de Matheysine. Le plus étrange, c'est que cet aigle prenant son envol à quelques encablures de Grenoble est situé juste au-dessus de la prairie de la Rencontre de Laffrey, lieu mythique de l'histoire napoléonienne.

C'est ici que le 7 mars 1815, l'empereur déchu assoiffé de reconquête arrive au terme de sa traversée des Alpes. Après avoir débarqué à Golfe-Juan le 1er mars, Napoléon a pris la route des montagnes vers Paris, la jugeant plus sûre que la vallée du Rhône. Il traverse victorieux Digne, Sisteron, Gap et Corps, les gardes s'effaçant sur son passage. À Laffrey, le 7 mars, il se retrouve face à l'armée royale chargée de l'arrêter. Il descend alors de son cheval, désarmé, et s'écrie : « Soldats ! je suis votre Empereur. Ne me reconnaissez-vous pas ? S'il en est un parmi vous qui veuille tuer son général, me voilà ! » Les soldats jettent alors leurs armes, crient « Vive l'empereur ! » et se joignent à Napoléon pour une entrée triomphale dans Grenoble. Napoléon écrira : « Jusqu'à Grenoble, j'étais un aventurier. À Grenoble, j'étais un prince. »

On a longtemps supposé que l'aigle visible au-dessus de Laffrey résultait d'un incendie provoqué par les soldats pour célébrer l'empereur. D'après les recherches de Claude Muller, il est en vérité d'origine naturelle, due à la nature du sol à cet endroit, et antérieur au passage de Napoléon… Mais la coïncidence est troublante, et continue de faire couler de l'encre !

**« LES ROCHES SONT LE CHEMIN DE LA VERTU. »**

**DEVISE INSCRITE SUR LE MÉMORIAL DU COL DE FALZAREGO (2 105 M), DANS LES DOLOMITES ITALIENNES, EN MÉMOIRE DES MORTS DE LA PREMIÈRE GUERRE MONDIALE.**

1988
FRITZ

# MEUHRVEILLEUSE *symphonie*

130, C'EST LE NOMBRE de cloches que vous pourrez admirer au musée de la vache et des alpages, à Frangy, en Haute-Savoie. La plus ancienne date des années 1600. C'est l'occasion d'apprendre à faire la distinction entre les différents types de sonnailles portées par les vaches savoyardes.

La clarine et la campane sont en forme de tulipe, fines, et tintinnabulent délicatement. Leur cousin, le carron, est de même taille, mais de forme carrée. Quant à la cloche casque, elle est ronde et produit une note très claire. Dans le Beaufortain, les troupeaux de vaches sont ensonnaillés de cloches de tailles différentes afin de produire une grande variété de sons. Le but est purement esthétique : il s'agit de former une mélodie toujours changeante au gré des déplacements du troupeau. La symphonie pastorale en somme...

# LES HÉROS
## *de la Meije*

AU XIX^e^ SIÈCLE, à l'époque des grandes conquêtes alpines à Chamonix et dans le massif du Mont-Blanc, un autre massif majeur commence à attirer les regards des alpinistes en quête de premières triomphales : l'Oisans, toit du Dauphiné, temple de pierre à la minéralité radicale que se partagent aujourd'hui l'Isère et les Hautes-Alpes. Dans les années 1870, la convoitise des alpinistes vient se porter sur le dernier grand sommet des Alpes invaincu, la Meije (3 984 m), « parfaitement dissymétrique », réputée inviolable. 17 tentatives furent menées entre 1870 et 1877, et plusieurs grands alpinistes anglais et suisses s'y cassèrent les dents.

Pierre Gaspard, qu'on appelle aujourd'hui Gaspard de la Meije, est un guide paysan, l'un de ces bergers qui ont appris à connaître les traîtrises des montagnes en y courant après les brebis égarées. Fabuleux montagnard, il devient le guide d'un jeune aristocrate montpelliérain de 20 ans, Emmanuel Boileau de Castelnau, qu'il emmène explorer l'Oisans. Gaspard est un homme fier. Il voudrait que la Meije soit conquise par un français, pas un étranger. Il voudrait que ce soit un homme de l'Oisans, et pas un de ces arrogants guides chamoniards. Et surtout, il voudrait que ce soit un homme de Saint-Christophe-en-Oisans qui y parvienne, l'un de ceux qui nomment la reine du Dauphiné le Bec des Peignes, et non la Meije. Il voudrait que la cordée parte de La Bérarde, et non de La Grave, comme la plupart des cordées mises en échec.

Pierre Gaspard, son fils et le jeune de Castelnau partent depuis la vallée du Vénéon. Et c'est par ce côté qu'ils parviennent, le 16 août 1877, au sommet du Grand Pic. Leur succès est retentissant et signifie la fin de la misère pour la vallée du Vénéon. La Bérarde devient un nouveau temple de l'alpinisme, départ des plus grandes courses – l'équivalent dauphinois de Chamonix.

Quant à Pierre Gaspard et son fils, ils reposent au cimetière des alpinistes de Saint-Christophe-en-Oisans, au pied de la montagne qui a changé leur destinée. Tous leurs descendants guides, les familles Gaspard et Turc, sont dans ce cimetière unique où se retrouvent des générations de montagnards. Emil Zsigmondy, le premier à réaliser la traversée intégrale des arêtes de la Meije en 1885, dort aussi à leurs côtés.

# RISQUE

## *de surchauffe*

Parce que l'arc alpin se réchauffe deux à trois fois plus vite que le reste de la Terre, les effets du changement climatique y sont particulièrement perceptibles. Recul des glaciers, crevasses profondes, fonte du permafrost rendent la montagne plus instable et plus dangereuse. Depuis 2007, plus de 12 000 écroulements de roche majeurs ont frappé les Alpes, sans même parler du spectaculaire éboulement de 2005 aux Drus, à Chamonix, qui a emporté avec lui un pan immense de la montagne, notamment le célèbre pilier Bonatti et la voie qu'il y avait ouverte.

# DE L'HIMALAYA

## *à la Haute Provence*

DIGNE-LES-BAINS est une ville œcuménique. On y trouve pas moins de deux cocathédrales, l'une romane, dans la plaine, l'autre néogothique, sur la colline. La faute à un évêque paresseux qui voulait servir la messe à côté de chez lui, dans la ville haute et bourgeoise, sans avoir à descendre dans les faubourgs. Ce rapt de siège épiscopal a eu lieu en 1490, et a duré un bon demi-millénaire avant que la curie ne s'en aperçoive – ce n'est qu'en 1962 que l'évêque de Digne est allé, tout penaud, régulariser la situation auprès du Saint-Siège.

Comme si cela ne suffisait pas, on voit aussi trôner le faîte d'un temple bouddhiste au milieu des clochers. C'est la maison d'Alexandra David-Néel, la grande voyageuse et exploratrice de l'Himalaya, qui a fini sa vie ici. Celle qui avait passé de longues années dans les montagnes du toit du monde avait trouvé en Digne son « petit Tibet ». Figure singulière aux mille vies, elle est connue du grand public pour son voyage de quatorze ans en Asie, pour être la première Occidentale à entrer (déguisée et clandestinement) dans la cité sacrée de Lhassa, et pour ses traités sur le bouddhisme. Sa maison est restée comme elle était lors de son décès en 1969, à l'âge de 101 ans. On dit qu'elle avait aussi mauvais caractère que l'évêque du XV^e^ siècle – mais autrement la bougeotte.

# LA TOURBIÈRE
## *aux ichtyosaures*

Les Gouilles d'Essertze, à Thyon, dans le Valais suisse, constituent la plus haute tourbière d'Europe, à 2 300 m. Dans ces petits lacs nage une créature étonnante : le triton alpestre *(Ichthyosaura alpestris)*, qui ressemble à un gros têtard ayant stoppé sa croissance avant de devenir grenouille. S'il porte le nom de l'ichtyosaure, super-prédateur et reptile marin de légende qui hantait les fonds de la mer alpine il y a des millions d'années, et dont on retrouve les squelettes gigantesques de 26 m de long notamment dans la région de Digne, le triton alpestre est toutefois un amphibien, un sympathique urodèle de la famille des salamandres, qui atteint 12 cm de long quand il est en forme. On fait ce qu'on peut...

# GRANIER *le Terrible*

L'EFFONDREMENT du Granier, le sommet qui ferme la face nord du massif de la Chartreuse, à deux pas de Chambéry est à ce jour la plus grande catastrophe naturelle que connurent les Alpes. Le 12 novembre 1248, un monstrueux éboulement arrache un pan entier de la montagne et recouvre la plaine de roches. Au moins mille personnes, peut-être jusqu'à cinq mille, périrent ensevelies sous les torrents de pierres et de boue.

Mais à l'heure de la catastrophe, des moines priaient dans la chapelle de Notre-Dame de Myans sa belle Vierge noire. Caprices de la topologie ou effet miraculeux de la prière ? L'éboulement du Granier s'arrêta à quelques mètres du sanctuaire, les sauvant du désastre… et faisant de la chapelle un lieu de pèlerinage réputé à travers toute la Savoie.

Aujourd'hui, des fresques impressionnantes commémorent le miracle : on y voit démons et rochers tombés du Granier arrêtés par la Vierge noire. Une statue dorée de Marie, tournée vers le mont dangereux, couronne aujourd'hui le clocher. On espère sa protection efficace, car les sismologues prédisent que le Granier n'a pas fini de s'émietter sur les villages en contrebas. En 2016, de nouvelles cassures ont précipité 100 000 mètres cubes de pierres à son pied, et un autre effondrement est à prévoir…

# Les montagnes, comme les poètes, ont leur jour d'inspiration

« Ce mélange de nuages et de neige, ce chaos d'argent, ces vagues de lumière se brisant en écume de blancheur, ces phosphorescences diamantées voudraient, pour être exprimées, des mots qui manquent à la langue humaine et que trouverait le rêveur de l'Apocalypse dans l'extase de la vision. Les montagnes, comme les poètes, ont leur jour d'inspiration... »

Théophile Gautier

# TUNNEL
## *de légende*

Pendant trois ans, ils ont travaillé chacun de leur côté, forant, perçant, creusant, déblayant la montagne pour percer le tunnel. Les ouvriers italiens en vallée d'Aoste, les ouvriers français en vallée de Chamonix. Ils creusent sous le plus haut massif d'Europe, dans l'obscurité, attendant de se rejoindre. Le 14 août 1962, la montagne cède enfin. Dans les derniers mètres, l'excitation est à son comble. Puis les dernières roches sont dégagées, le passage est fait, et les ouvriers se rejoignent. Ils s'embrassent, s'étreignent, agitent des drapeaux et font la fête.

Le projet est titanesque : le tunnel du mont Blanc va changer la face de l'Europe. Depuis la nuit des temps, les Alpes ont joué le rôle de barrière naturelle, séparant l'Italie du reste de l'Europe, avec de rares brèches dans la muraille. Les cols du Petit et du Grand-Saint-Bernard, du Simplon, du Montcenis, de Montgenèvre, praticables l'été seulement, ont été les clés de la forteresse alpine pendant des siècles, les points de passage stratégiques. Arpentés par les empereurs, les papes et les armées, ils ont fait l'objet d'âpres luttes et ont exposé les voyageurs à tous les périls de la haute montagne. À tel point que la possession des grands cols des Alpes est restée un enjeu jusqu'au XX$^{e}$ siècle – après la Seconde Guerre mondiale, la France a ainsi obtenu le Montcenis !

Le tunnel du mont Blanc met fin à toute une histoire stratégique et militaire européenne. « Il n'y avait déjà plus de Pyrénées, il n'y aura désormais plus d'Alpes », commentera le journaliste de la télévision française lors de l'inauguration du tunnel du mont Blanc, le 16 juillet 1965, par le général de Gaulle et le président de la République italienne Giuseppe Saragat. Avec ses 11,5 km, il est alors le plus long tunnel routier du monde.

# GROTTUS

Ce sont les hommes et les femmes qui, chaque année, ouvrent et sculptent la célèbre grotte de la mer de Glace à Chamonix. Autrefois, le travail harassant se faisait à la pioche et à la force des bras. Aujourd'hui, les grottus continuent de creuser une nouvelle grotte deux fois dans l'année... mais avec des machines. La magie du bleu et du froid se perpétue, mais les articulations des grottus sont épargnées.

# CLUES
## *et griffons*

SALLAGRIFFON est le nom d'un beau village des Alpes-Maritimes qui abrite l'une des clues les plus étranges du sud de la France. Une clue, du latin *clusa*, fermeture, est une sorte de gorge étroite dans laquelle s'engouffre une rivière ayant creusé son lit dans la roche. Près de Sallagriffon, la clue d'Aiglun, avec ses 400 m de falaise calcaire et ses vasques turquoise, est l'un des plus beaux parcours de canyoning des Alpes.

Quant aux clues de Barles, dans les Alpes-de-Haute-Provence, elles fascinent par leur étrangeté géologique : les strates de la couche terrestre se retrouvent dressées à la verticale dans un étrange millefeuille minéral et labyrinthique.

◁◁ *La clue d'Aiglun (06).* △ *La clue de Barles (04).*

# LA LIMITE
## *entre les pâquerettes et les piolets*

Où se situe la limite entre la montagne, pays des alpages, des fleurs et des randonneurs, et la haute montagne, royaume des glaciers, de la verticalité et des alpinistes ? Ce n'est pas une question d'altitude, mais de difficulté et d'équipement nécessaire. Au sommet de la Grande Sassière (3 747 m), près de Tignes, vous êtes encore en chaussures de randonnée, sans encordement : c'est le plus haut sommet de France accessible sans techniques d'alpinisme. Mais au sommet des Rouies (3 589 m), dans les Écrins, vous avez déjà traversé

△ *Arrivée à la pointe Zumstein, massif du mont Rose (Italie et Suisse).*

un glacier et escaladé une falaise, et vous avez depuis longtemps chaussé vos crampons, empoigné vos piolets et mis votre baudrier.

La haute montagne, c'est ce pays où les hommes ne peuvent plus cheminer sans un équipement spécifique, où marcher ne suffit plus, car il faudra s'encorder, s'équiper, grimper, s'assurer. Dès lors qu'il vous faut revêtir l'uniforme de l'alpiniste (le baudrier, les crampons, le piolet, le casque, la corde), vous arrivez en haute montagne. Le pays du vertige, du danger et des légendes !

# AQUARIUM *minéral*

Des coraux, des nautiles, des oursins… Dans les montagnes du Giffre, le désert de Platé est un véritable aquarium préhistorique. Il y a environ 35 millions d'années, une joyeuse foule de gastéropodes et autres crinoïdes s'ébattait dans les eaux chaudes du paléo-océan de la Téthys, qui recouvrait la région alpine. Aujourd'hui, ce gigantesque lapiaz est considéré comme l'un des plus beaux du monde. À vos palmes et tubas, on part en rando !

# COLS transfrontaliers

Points de bascule, points de passage, les grands cols des Alpes sont des ruptures et des frontières. Franchir le col du Grand-Saint-Bernard, aujourd'hui situé entre Suisse et Italie, c'était changer de culture et de langue : au nord, le monde germanique où on parle allemand ; au sud, le monde latin, où on parle italien. Gardienne de ce col, la Vallée d'Aoste a longtemps été le verrou de la chaîne, et les Savoyards qui la détenaient, les « portiers des Alpes ». Quant au col du mont Cenis, qui séparait la Gaule de l'Italie, il a vu passer les Celtes, l'empereur Charlemagne, les rois savoyards, et puis Napoléon…

△ *Le col du mont Cenis (France et Italie).*

▷▷ *Le col du Grand-Saint-Bernard (Suisse et Italie).*

# FONTAINES *pétrifiantes*

Rassurez-vous, ici, aucune terrible gorgone en vue, juste un phénomène biologique intéressant ! Une eau qui s'est chargée de calcaire après un long voyage souterrain jaillit à la surface par une résurgence et ruisselle sur des tapis de mousse. Saturée de calcaire, la mousse meurt et se pétrifie, formant une étrange roche sédimentaire qu'on nomme le tuf. Ces tufières sculptent des visions fantasmagoriques, grands candélabres de roche accumulée, draperies de pierre et escaliers mi-végétaux, mi-minéraux.

On retrouve ces fontaines pétrifiantes dans les pays de calcaire, par exemple au pied du Vercors, à Pont-en-Royans, dans le jardin des fontaines pétrifiantes au cœur de Digne-les-Bains, ou dans les gorges du Verdon, où les kayakistes adorent passer sous les tufières aux petits airs elfiques…

Quant à la fontaine pétrifiante de Réotier, dans les Hautes-Alpes, elle est tout à fait magique et surprenante. Un escalier naturel monte le long de la bête d'eau et de pierre : vous voici sur le dos du monstre à la crinière d'herbes folles, avec vue panoramique sur la vallée de la Durance et le fort de Mont-Dauphin. En hiver, d'énormes stalactites de glace recouvrent les draperies de concrétion et libèrent un terrible dragon aux dents acérées, qui défiera le visiteur jusqu'au dégel.

▷▷ *La fontaine pétrifiante de Réotier (05).*

# REVOIR
## *les frontières*

En 1947, le traité de Paris cède à la France 700 km² de territoire alpin jusqu'alors détenu par l'Italie, notamment Tende, La Brigue, le mont Thabor, le mont Chaberton, une bonne partie du lac du Mont-Cenis et le col du Petit-Saint-Bernard. Ces gains territoriaux, la France du général de Gaulle les doit largement aux combats victorieux menés en haute montagne.

En effet, les armées alpines françaises demeurèrent invaincues lors de la Seconde Guerre mondiale. Les plus brillants alpinistes, comme l'iconique Lionel Terray, ont rejoint ces corps d'élite et mené des combats héroïques tout au long de la « ligne Maginot des Alpes », une série de forts conçus comme autant de sous-marins amarrés à la montagne, fortifiés, autonomes et parés au combat. Le fort de Plate-Lombarde, dans le massif du Chambeyron (Alpes-de-Haute-Provence), à la frontière italienne, est emblématique de la résistance des armées françaises lors de la bataille des Alpes : ici, 15 000 Français très bien organisés parvinrent à tenir tête à 50 000 Italiens.

« Enfin et surtout, il fallait qu'au moment du traité de paix nos chefs puissent dire : "La France pacifique a besoin d'un rempart, d'une sécurité sur les Alpes. Vous ne pouvez lui refuser le sol aride pour lequel nombre de ses fils ont fait don de leurs vies généreuses. Rectifiez la frontière au Mont-Cenis, au Chaberton, au Saint-Bernard, en Vésubie, à Tende et à La Brigue." » Lionel Terray, *Les conquérants de l'inutile*

# LA GARE
## *des Glaciers*

Construit à Chamonix pour les Jeux olympiques de 1924, le téléphérique des Glaciers fut le premier de France à transporter des voyageurs en haute montagne, les conduisant à 2 414 m d'altitude, au niveau du plan de l'Aiguille, juste en contrebas de l'Aiguille du Midi. Quant à la gare des Glaciers, elle trônait dans un décor époustouflant, entre glacier Rond et glacier des Bossons. Hélas, elle n'est plus aujourd'hui qu'une ruine poétique dans un décor de cinéma, car elle fut abandonnée au début des années 1950. Parmi les 584 stations de ski aménagées en France au XXe siècle, 168 sont actuellement à l'abandon. Première désarmée, la gare des Glaciers règne toujours, solitaire, sur ses étendues gelées.

Quant au téléphérique actuel, il conduit au sommet de l'Aiguille du Midi à 3 842 m. Construit dans les années 1950, il constituait à l'époque une véritable prouesse technologique : 3 km de câble tendu sans pylône, le plus haut et le plus long du monde.

# TRAVERSÉES *aériennes*

Franchir les Alpes. C'était le rêve des empereurs, cela devint celui des aviateurs. En 1910, le franco-vénézuélien Géo Chavez décolle de Brigue, en Suisse, franchit le col du Simplon et réussit la première traversée aérienne des Alpes, mais il s'écrase à son atterrissage à Domodossola et ne survit pas à ses blessures. Le 13 juillet 1913, le suisse Oscar Bider décolle de Berne, slalome entre la Jungfrau et le Mönch, à 3 500 m d'altitude (un record à l'époque), fait une courte escale de ravitaillement à Domodossola et parvient à Milan 4 h 30 après son départ de Berne. La conquête des Alpes par les airs est lancée.

Dans les années 1960, les altiports de Megève, Méribel et Courchevel relièrent directement ces stations huppées à Lyon et à Genève via des vols rapides et spectaculaires. Les Saint-Tropez des Alpes étaient nées. Aujourd'hui encore, le mythique altiport de Megève est le camp de base pour les survols du mont Blanc. Les records de Chavez et de Bider sont aujourd'hui à la portée du touriste émerveillé…

# AU CŒUR des glaces

« C'EST DES HAUTES RÉGIONS où les glaciers prennent leur source que proviennent pour la plus grande part les restes émiettés des montagnes orgueilleuses. Ces scories de pierre, sous-produits des injures du temps, précipitées dans le vide et emportées, année après année, par le flux irrésistible de la glace dure. Voilà pourquoi affleurent, dans les zones les plus basses de cet immense collecteur en forme de cirque, ces blocs de rocher énormes, ces amas gigantesques de pierraille et de sable qui, lorsqu'ils arriveront, au cours de leur interminable voyage, en haut d'une pente ou au bord d'un ressaut, à un moment ou à un autre, dévaleront en catastrophe avec la glace. Plus bas encore, près des forêts et à la place des glaciers désormais fondus, apparaissent les vastes formations morainiques, en forme de coin ou de berge de fleuve. Témoins énigmatiques, hors du temps, elles me parlent de choses lointaines et continuent à me poser des questions. Comme si l'âge glaciaire avait pris fin hier. »
Walter Bonatti, *Montagnes d'une vie*

△ *Le glacier d'Argentière (74).*

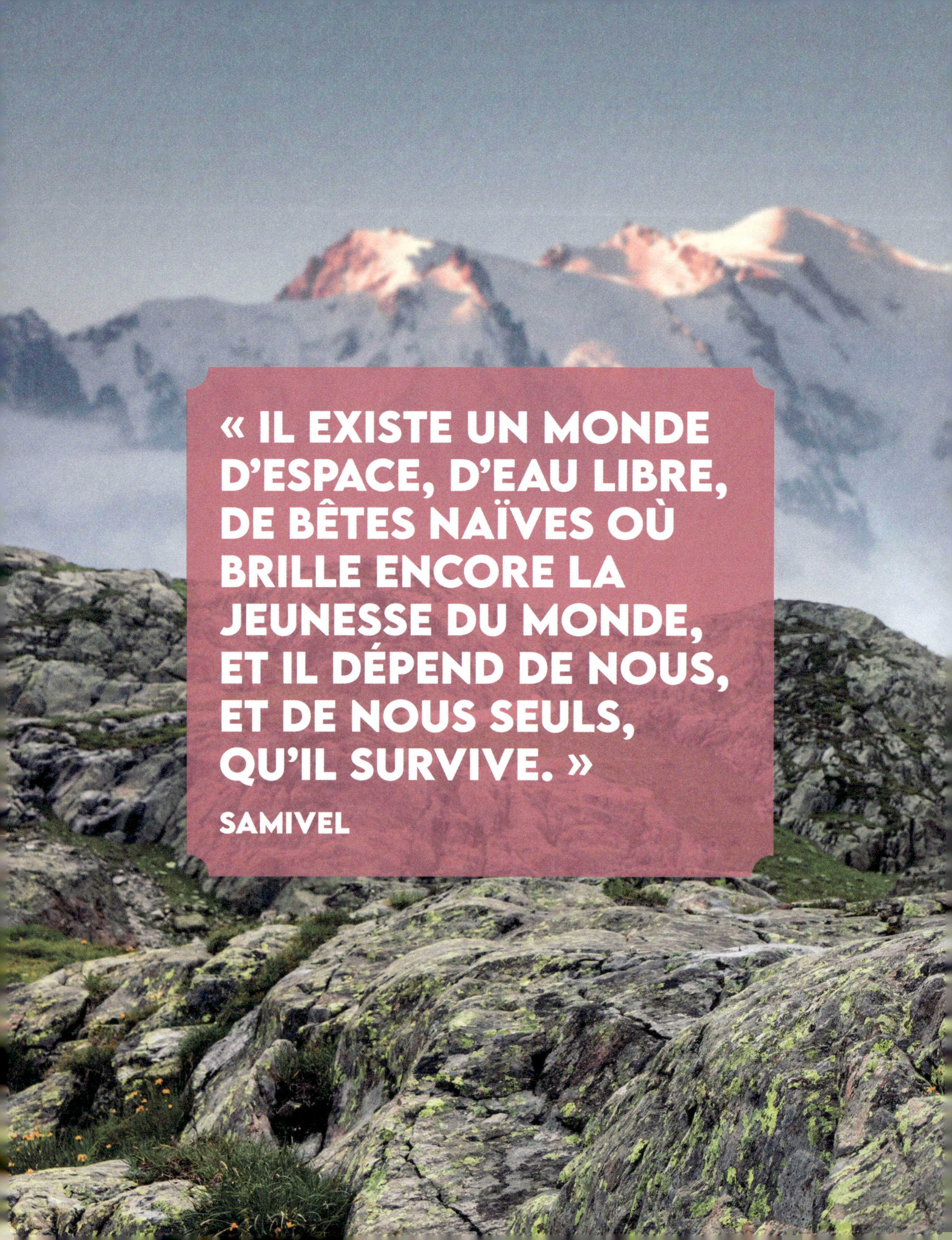

**« IL EXISTE UN MONDE D'ESPACE, D'EAU LIBRE, DE BÊTES NAÏVES OÙ BRILLE ENCORE LA JEUNESSE DU MONDE, ET IL DÉPEND DE NOUS, ET DE NOUS SEULS, QU'IL SURVIVE. »**

**SAMIVEL**

Crédits photos : Ariane Fornia, Atelier Pierre Nova,
AdobeStock, Wikimedia commons

@suzac_editions
contact@suzac.fr
www.suzac.fr

Dépôt légal : septembre 2023
ISBN : 978-2-490795-41-3

Achevé d'imprimer : août 2023
Imprimé en UE